Й ЛЕДОВИТЫЙ ОКЕАН
ВОСТОЧНО-СИБИРСКОЕ МОРЕ
Новосибирские острова
МОРЕ ЛАПТЕВЫХ
Анадырь
Яна
Лена
Алдан
Якутск
Магадан
Полуостров Камчатка
Камчатка
Петропавловск-Камчатский
ОХОТСКОЕ МОРЕ
САХАЛИН
1809
2283
Тура
Амур
Комсомольск-на-Амуре
Южно-Сахалинск
Хабаровск
Благовещенск
КИТАЙ
Озеро Байкал
Чита
Усть-Ордынский
Иркутск
Улан-Удэ
3492
Владивосток
ЯПОНИЯ
КОРЕЯ
МОНГОЛИЯ
AF561017

Das russische Alphabet

Druck-schrift	Schreib-schrift	Buchstaben-name	deutsche Entsprechung	Aussprache etwa wie in
А, а	*А, а*	а	a	*betont:* B**a**hn *unbetont:* k**a**nn, Berg**e**
Б, б	*Б, б*	бэ	b	*hart:* **B**ad; weich: **B**ianca
В, в	*В, в*	вэ	w	*hart:* **w**as, weich: Pa**vi**ane
Г, г	*Г, г*	гэ	g	*hart:* **G**arten; *weich:* Re**gi**on
Д, д	*Д, д*	дэ	d	*hart:* **d**och; *weich:* Ra**di**o
Е, е	*Е, е*	е	je e *nach Konsonant*	*betont:* **je**ne, **je**tzt; *unbetont:* **ji**ddisch *betont:* B**e**tt, B**ee**t; *unbetont:* b**i**tte
Ё, ё	*Ё, ё*	ё	jo o *nach Zischlaut*	*nur betont:* **Jo**chen Gorbatsch**o**w
Ж, ж	*Ж, ж*	жэ	sh *immer stimmhaft*	*nur hart:* Eta**g**e
З, з	*З, з*	зэ	s *immer stimmhaft*	*hart:* **S**ohn; *weich:* Exkur**si**on
И, и	*И, и*	и	i	**I**gel, *unbetont:* b**i**tte
Й, й	*Й, й*	и кра́ткое	j	Jun**i**or, Ma**i**
К, к	*К, к*	ка	k	*hart:* **K**och; *weich:* Ban**ki**er
Л, л	*Л, л*	эл	l	*hart:* we**ll** *(engl.)*; *weich:* Li**li**e
М, м	*М, м*	эм	m	*hart:* **M**eer; *weich:* Mu**mi**e
Н, н	*Н, н*	эн	n	*hart:* **N**ame; *weich:* **n**ie
О, о	*О, о*	о	o	*betont:*T**o**chter; *unbetont:* k**a**nn
П, п	*П, п*	пэ	p	*hart:* **P**a**p**a; *weich:* Olym**pi**ade
Р, р	*Р, р*	эр	r	*hart:* **R**asen; *weich:* O**ri**ent
С, с	*С, с*	эс	ss *immer stimmlos*	*hart:* Pa**ss**; *weich:* Disku**ssi**on
Т, т	*Т, т*	тэ	t	*hart:* **T**an**t**e; *weich:* An**tj**e
У, у	*У, у*	у	u	*betont:* **U**hu; *unbetont:* Uh**u**
Ф, ф	*Ф, ф*	эф	f	*hart:* **F**oto; *weich:* **F**ieber
Х, х	*Х, х*	ха	ch	*hart:* a**ch**; *weich:* i**ch**
Ц, ц	*Ц, ц*	цэ	z	*nur hart:* **Z**ahn
Ч, ч	*Ч, ч*	че	tsch	*nur weich:* Deu**tsch**e
Ш, ш	*Ш, ш*	ша	sch	*nur hart:* Mi**sch**ka
Щ, щ	*Щ, щ*	ща	sch(t)sch	*nur weich, wie langes sch:* Fri**sch**-**Sch**inken
ъ	*ъ*	твёрдый знак	–	*kein selbstständiger Laut, vorheriger Konsonant wird hart ausgesprochen*
ы	*ы*	ы	y	*ähnlich wie in Wirt, mit breitem Mund ausgesprochen; nie am Wortanfang*
ь	*ь*	мя́гкий знак	–	*kein selbstständiger Laut, vorheriger Konsonant wird weich ausgesprochen*
Э, э	*Э, э*	э	ä e	*betont:* **Ä**rger *unbetont:* **E**thik
Ю, ю	*Ю, ю*	ю	ju (j)u *nach Konsonant*	**Ju**ni; *unbetont:* **Ju**wel L(j)**u**ba; *unbetont:* Uh**u**
Я, я	*Я, я*	я	ja a *nach Konsonant*	*betont:* **Ja**hr *betont:* tj**a**

Russisch als zweite Fremdsprache

Конечно! 2

von
Christine Amstein-Bahmann
Ulf Borgwardt
Monika Brosch
Danuta Gentsch
Peter Jakubow
Rolf Laschet
Natalia Ossipova-Joos
Gisela Reichert-Borowsky
Evelyn Walach

Ernst Klett Verlag
Stuttgart • Leipzig

Конечно! 2

Autoren: Christine Amstein-Bahmann, Grumbach; Dr. Ulf Borgwardt, Wackerow; Dr. Monika Brosch, Grimma; Danuta Gentsch, Erfurt; Peter Jakubow, Dettenhausen; Rolf Laschet, Esslingen; Natalia Ossipova-Joos, Affalterbach; Gisela Reichert-Borowsky, Tübingen; Evelyn Walach, Berlin

Berater: Dr. Rainer Berthelmann, Halle

Unter Mitwirkung von: Dr. Elisabetta Nöldeke

Zusatzmaterialien für Schüler und Schülerinnen zu diesem Band:
Arbeitsheft plus 1 Audio-CD und 1 CD-ROM, Klett-Nr. 527507
Grammatisches Beiheft, Klett-Nr. 527502

1. Auflage 1 11 10 9 8 | 2025 24 23

Alle Drucke dieser Auflage sind unverändert und können im Unterricht nebeneinander verwendet werden. Die letzte Zahl bezeichnet das Jahr des Druckes.

Internetadresse: www.klett.de

Redaktion: Ekaterina Danilevskaya, Dr. Swantje Dietsche, Simone Peichl
Gestaltung: Miriam Brusniak

Umschlaggestaltung: Know Idea GmbH, Freiburg
Illustrationen: Yaroslav Schwarzstein, Hannover
Reproduktion: Meyle+Müller, Medienmanagement, Pforzheim
Druck: PASSAVIA Druckservice GmbH & Co. KG, Passau

Printed in Germany.
ISBN 978-3-12-527495-2

Erläuterungen

S 12	**Schüler-CD**	Der Text bzw. die Übung ist auf der Schüler-CD zu hören. Die Ziffer verweist auf die Track-Nummer.
L 27	**Lehrer-CD**	Der Text bzw. die Übung ist nur auf der Lehrer-CD zu hören. Die Ziffer verweist auf die Track-Nummer.
	Partnerarbeit	Hier arbeitet ihr zu zweit, entweder mit eurem Sitznachbarn oder mit einem anderen Klassenkameraden.
	Gruppenarbeit	Hier arbeitet ihr in einer Gruppe von drei oder mehreren Schülern.
	Schriftliche Grammatik zum Selbstentdecken	Hier könnt ihr grammatische Inhalte selbstständig erarbeiten, in eure Hefte eintragen und ergänzen.
*	**Portfolio**	Besonders gelungene Arbeiten könnt ihr in einer eigens dafür angelegten Mappe (Portfolio-Ordner) abheften.
www	**Internet**	Hier könnt ihr im Internet auf Informationssuche gehen.
§ 18	**Grammatik-Paragraf**	Hier findet ihr einen Verweis auf das entsprechende Grammatikkapitel im Grammatischen Beiheft.
3	**Übung im Arbeitsheft (Рабо́чая тетра́дь)**	An dieser Stelle findet ihr einen Verweis auf weitere Übungen in eurem Arbeitsheft (Рабо́чая тетра́дь), die ihr nach der Arbeit mit dem Schülerbuch lösen könnt.
	Fakultative Übung	Übungen mit diesem Symbol sind fakultativ.
	Fakultative Seiten	Die gelb unterlegten Seiten (чте́ние-Seite am Ende der Lektionen, ТРКИ-Seiten, Spiel) sind fakultativ.

Um die Lesbarkeit zu erleichtern, haben wir in den Aufgaben nur die Lehrer, Schüler, Partner und Freunde erwähnt. Selbstverständlich sind damit auch alle Lehrerinnen und Schülerinnen, Partnerinnen und Freundinnen gemeint!

Марафо́н по этажа́м[1]

Ihr könnt schon viel auf Russisch sagen. Ihr könnt Auskunft über euch, eure Familie und eure Interessen geben. Auch wisst ihr schon einiges über Russland, und findet euch in Moskau ganz gut zurecht.

Spielt zu zweit. Einigt euch, wer Spieler A und wer Spieler Б ist. Jeder braucht einen Spielstein.
Spielt abwechselnd. Beginnt in der untersten Etage bei Frage 1.
Spieler A liest die Aufgabe vor und löst sie. Der Mitspieler kontrolliert, ob die Aufgabe richtig gelöst wurde.
In diesem Fall darf der Spieler A in die nächste Etage vorrücken.
Bei einem Fehler muss er auf seiner Etage bleiben.
Wer zuerst in der obersten Etage des Hochhauses angekommen ist, hat den Russischmarathon gewonnen.

1 **марафо́н по этажа́м** Marathon durch die Etagen

	А		Б
13	Finde die Frage zu dieser Antwort: Иди́те пря́мо до теа́тра, напро́тив нахо́дится библиоте́ка.	13	Finde die Frage zu dieser Antwort: Э́то Но́вый Арба́т.
12	На како́м тра́нспорте ты е́здишь в Москве́?	12	Каки́е сувени́ры ты покупа́ешь дру́гу и подру́ге в Москве́?
11	Как называ́ются си́мволы Москвы́?	11	На како́й реке́ нахо́дится Москва́?
10	Како́й пра́здник ты лю́бишь?	10	Что ты говори́шь ма́ме в день рожде́ния?
9	Когда́ ру́сское Рождество́?	9	Како́го числа́ Но́вый год?
8	На како́м этаже́ у тебя́ в шко́ле кабине́т информа́тики?	8	На чём ты обы́чно е́здишь в шко́лу?
7	Како́й сего́дня день неде́ли?	7	В како́й день ты не хо́дишь в шко́лу?
6	Когда́ у тебя́ день рожде́ния?	6	Како́е сего́дня число́?
5	Кото́рый сейча́с час?	5	Когда́ ты обы́чно встаёшь?
4	Чем ты занима́ешься в свобо́дное вре́мя?	4	Како́й у тебя́ но́мер телефо́на и́ли моби́льника?
3	Что ты лю́бишь?	3	Что ты совсе́м не лю́бишь?
2	Ты в како́м кла́ссе?	2	На како́м языке́ ты говори́шь?
1	Как тебя́ зову́т?	1	Ско́лько тебе́ лет?

А | Б

Ура́, кани́кулы!

Пари́ж А

Б да́ча

Г спорти́вный ла́герь

В Со́чи, Чёрное мо́ре

Д Еги́пет

а) Прочита́йте те́ксты и посмотри́те на фо́то. Како́е фо́то подхо́дит к (passt zu) како́му те́ксту?
Фо́то А – э́то текст …

б) Сравни́те. (Vergleicht.) Wo machen die russischen Schüler Urlaub? Wo verbringt ihr eure Ferien?

1, 2

Приве́т из Герма́нии

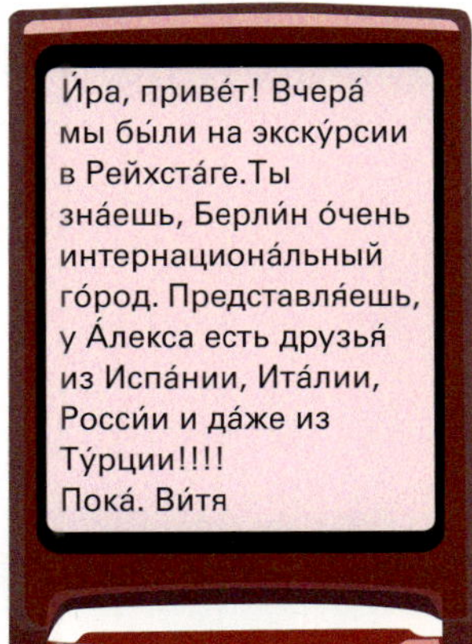

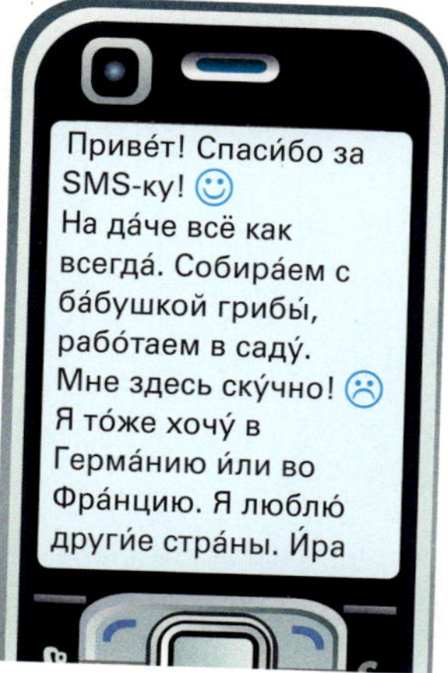

1 К те́ксту

а) Отве́тьте на вопро́сы.
1. Из како́го го́рода пи́шет Ви́тя?
2. С кем он был на экску́рсии?
3. Где отдыха́ет И́ра?
4. Что она́ там де́лает?
5. Как И́ре нра́вится на да́че?

б) Wie stellt ihr euch Ferien auf einer Datscha vor?
Was würde euch an einem solchen Urlaub gefallen, was nicht?

2 По следа́м … § 1

а) Перепиши́те табли́цу. Sucht die Formen der Substantive auf -ия aus den SMS und der Überschrift heraus und tragt sie in die Tabelle ein.

б) Leitet die noch fehlenden Formen von den bereits eingetragenen ab.

в) Welche Kasus haben dieselbe Endung?

Feminine Substantive auf -ия

N(ominativ)	Герма́н**ия**	экску́рс**ия**
G(enitiv)	■	■
D(ativ)	Герма́н**ии**	■
A(kkusativ)	■	■
I(nstrumental)	Герма́н**ией**	■
P(räpositiv)	■	■

3 Друзья́ 1–3

а) А́лекс живёт в Герма́нии. А где живу́т его́ друзья́?

1. Хуа́н

2. Ка́тя

3. Ме́мет

4. Эми́лия

5. Марсе́ль

б) **О себе́** Перепиши́те табли́цу. Stellt vier Mitschülern die beiden Fragen aus der Tabelle und kreuzt die Antworten an. Erzählt anschließend einem Partner, was ihr erfahren habt.

и́мя	вопро́сы	Росси́я	Испа́ния	Ита́лия	Ту́рция	Фра́нция
Nina	1. У тебя́ есть друг/подру́га из …?					
	2. Ты хо́чешь е́хать в …?					
Kevin	…					

Пе́ред чте́нием

Прочита́йте страте́гию на страни́це (auf Seite) 13.
Bearbeitet den folgenden Text nach den dort angegebenen Aufgaben.

S 3 Мои́ идеа́льные кани́кулы

И́ра на да́че слу́шает ра́дио.

1 Веду́щая: В эфи́ре радиоста́нция «Приве́т FM». Ита́к, «Мои́ идеа́льные кани́кулы». Дороги́е ребя́та, скажите, отку́да вы? Как и где вы лю́бите отдыха́ть и почему́? В Росси́и и́ли за грани́цей? Вот пе́рвый звоно́к.

S 4 **2** Артём: Алло́, алло́ … Мо́жно уже́ говори́ть? Меня́ зову́т Артём, мне 14 лет. Я звоню́ из Новосиби́рска. Я люблю́ отдыха́ть на Чёрном мо́ре. В э́том году́ я был в Ту́рции. Я жил в большо́й гости́нице с о́чень краси́вым бассе́йном. А ещё я загора́л на пля́же и ката́лся на бана́не. Э́то бы́ло так здо́рово!

S 5 **3** Юра: Здра́вствуйте, меня́ зову́т Ю́ра, мне 15 лет. Я живу́ в Ту́ле. Мои́ идеа́льные кани́кулы – э́то экстри́м. Про́шлым ле́том мы бы́ли в гора́х на Кавка́зе. Мы занима́лись ра́фтингом, ча́сто ката́лись на ма́унтинба́йке к краси́вому о́зеру. Мы жи́ли в пала́тке в лесу́. Э́то бы́ло кла́ссно!

S 6 **4** Алёна: Приве́т, меня́ зову́т Алёна, мне 13 лет. Я из Ирку́тска. В про́шлом году́ у меня́ бы́ли необы́чные кани́кулы, потому́ что мы бы́ли на о́зере Байка́л. Э́то бы́ло так интере́сно! Мы жи́ли в дере́вне. Я ката́лась на лошадя́х, мно́го купа́лась и ча́сто лови́ла ры́бу.

1 Стратéгия – Texte verstehen mit W-Fragen

4, 5

!

1. Um eine erste Vorstellung vom Thema eines Textes zu bekommen, reicht es, zunächst die Überschrift zu lesen und die Fotos zu betrachten.

а) Lest die Überschrift.
б) Seht euch die Fotos an.
в) Was könnte das Thema des Textes sein?

2. Konzentriert euch beim ersten Lesen auf Bekanntes wie Internationalismen oder Wörter aus anderen Sprachen.

а) Lest den Text durch.
б) Welche Internationalismen und Wörter aus anderen Sprachen versteht ihr schon?

3. Aus Band 1 wisst ihr, wie ihr einen unbekannten Hörtext mit W-Fragen erschließt. Beim Lesen von Texten könnt ihr genauso vorgehen.
Zur Erinnerung: W-Fragen geben Auskunft über Personen, Ort, Zeit und Handlung.

а) Lest den Text ein zweites Mal.
б) Arbeitet zu zweit. Formuliert die deutschen W-Fragen auf Russisch. Beantwortet diese Fragen für einen der Textabschnitte 2 bis 4.

вопрóсы	**текст 2**	**текст 3**	**текст 4**
Кто?			
■			

в) Stellt eure Fragen aus б) in der Klasse. Diejenigen, die den Textabschnitt bearbeitet haben, antworten.

2 Во врéмя канúкул мóжно …

6, 7

а) Findet die Wörter heraus, die zusammenpassen. Schreibt die Wortverbindungen in euer Heft. Fügt, wenn nötig, die passende Präposition hinzu und setzt das Substantiv in den entsprechenden Kasus.

б) **Цепóчка** Продóлжите. Benutzt die Wendungen aus а).
ученúк 1: Во врéмя канúкул мóжно отдыхáть.
ученúк 2: Во врéмя канúкул мóжно отдыхáть и ловúть ры́бу. …

3 Звýки

S 7 **а)** Послýшайте словá. Achtet darauf, wie das russische **р** ausgesprochen wird.
Россúя, **Гермáния**, **Фрáнция**, **Тýрция**, **óстров**, **экскýрсия**, **гитáра**, **ры́ба**, **фрýкты**

б) Послýшайте ещё раз и повторúте. Lasst beim **р** die Zungenspitze flattern.

в) Lest die Wortverbindungen laut vor. Rollt dabei das **р** wie in б).
друзья́ из Россúи, **красúвое óзеро**, **интернационáльный концéрт**, **слýшать рáдио**, **рабóтать на дáче**, **отдыхáть за грани́цей**

4 Что они́ де́лали? 8, 9

а) Допо́лните предложе́ния.

1. Артём: Я бы■ в Ту́рции.
2. Ю́ра: Мы жи́■ в пала́тке. Э́то бы■ кла́ссно!
3. Алёна: Я лови́■ ры́бу.

б) Schreibt die Formen von ката́ться aus dem Text heraus. Erklärt, wie das Präteritum der reflexiven Verben gebildet wird.

5 К те́ксту

а) Отве́тьте на вопро́сы. Erzählt anhand der Bilder über die Ferien dieser Personen. Gebt den Personen Namen.

б) Vergleicht eure Geschichten aus a) mit den Abschnitten 2 bis 4 von Text A. Welche Geschichte ähnelt welchem Textabschnitt? Welche Unterschiede findet ihr?

6 Алёна и Дени́с

L 1 **а)** Послу́шайте текст и найди́те пра́вильные отве́ты.

1. В э́том году́ Алёна отдыха́ет
   - **м** на Чёрном мо́ре.
   - **н** на Байка́ле.
   - **д** на Кавка́зе.
2. Сего́дня она́ сиди́т
   - **п** в лесу́.
   - **о** на пля́же.
   - **л** в гора́х.
3. Алёна смо́трит
   - **р** на мо́ре.
   - **у** на Дени́са.
   - **т** на Байка́л.
4. Она́ расска́зывает Дени́су, что она́
   - **с** лю́бит его́.
   - **е** лю́бит загора́ть.
   - **ф** лю́бит лови́ть ры́бу.

б) Где ребя́та лю́бят отдыха́ть?
Die Buchstaben der richtigen Lösungen aus a) geben die Antwort:
На ■■■■.

7 Люби́мые кани́кулы

1 Бо́ря

2 Алёша

3 Ли́за

4 Ната́ша

а) Как вы ду́маете, чем ребя́та занима́лись во вре́мя кани́кул? А чем они́ не занима́лись?

рабо́тать на да́че	собира́ть грибы́
чита́ть кни́ги	загора́ть на со́лнце
лови́ть ры́бу	игра́ть на гита́ре
слу́шать му́зыку	ката́ться на бана́не
ката́ться на ма́унтинба́йке	ката́ться на лошадя́х
купа́ться в мо́ре/в о́зере	жить в пала́тке в гора́х

б) **О себе́** Перепиши́те табли́цу. Tragt zuerst eure eigenen Antworten ein. Befragt eure Mitschüler so lange, bis ihr einen Mitschüler findet, mit dem ihr zwei Gemeinsamkeiten habt. Stellt eure Gemeinsamkeiten in der Klasse vor.

Кто?	Где ты был(а́) во вре́мя кани́кул?	Где ты жил(а́)?	Что ты де́лал(а)?
Я			
■			

8 Крокоди́л

а) Прочита́йте стихи́. Welche Sprache spricht das Krokodil?

Жил да был крокоди́л,
Он по у́лицам ходи́л,
Папиро́сы кури́л,
По-туре́цки говори́л.
(К. Чуко́вский)

* **б)** Напиши́те стихи́: «Крокоди́л отдыха́л в Росси́и». Hier ein paar Ideen:

Ihr könnt euer Gedicht auch illustrieren. Legt es in eurem Portfolio-Ordner ab.

9 По следа́м ... § 2  10

а) Перепиши́те табли́цу. Tragt die euch bekannten Formen von краси́вый ein und markiert die Endungen.

б) Sucht die fehlenden Kasusformen in Text A. Tragt sie ebenfalls ein und markiert ihre Endungen. Die übrigen Formen könnt ihr selbstständig erschließen.

	m.	n.	f.
N.	краси́в**ый**	■	■
G.	■	■	■
D.	краси́в**ому**	■	краси́в**ой**
A.	краси́в**ый**/ краси́в**ого**	■	краси́в**ую**
I.	■	■	краси́в**ой**
P.	■	■	■

10 Игра́ 11

а) Bildet Vierer- oder Fünfergruppen. Denkt euch eine Fantasie-Identität (Adjektiv und Substantiv) aus und schreibt diese gut lesbar auf ein DIN-A4-Blatt. Jede Bezeichnung sollte nur einmal vorkommen.

б) Bildet einen Kreis und haltet das Blatt vor euch. Der Erste wählt einen Partner und bildet einen Satz nach folgendem Muster: Eigene Identität + Verb + Identität des Partners. Der Partner macht möglichst schnell weiter. Entscheidet selbst, wann ihr das Verb wechselt. Ihr könnt auch andere Verben verwenden.

Tobias: неме́цкий друг
Nina: молода́я учени́ца
Jakob: знамени́тый брат

писа́ть | жить недалеко́ от | смотре́ть на | ду́мать о | говори́ть с

Tobias: Неме́цкий друг пи́шет молодо́й учени́це.
Nina: Молода́я учени́ца пи́шет знамени́тому бра́ту.
Jakob: Знамени́тый брат пи́шет …

11 Разгово́р по телефо́ну §2 12

Ю́ра звони́т Оле́гу. Оле́г не всё понима́ет.
Stellt die Fragen von Оле́г. Benutzt das Fragepronomen како́й.

1. В **како́м** году́ ты отдыха́л на Кавка́зе?
2. … кани́кулы у тебя́ бы́ли?

1. В **про́шлом** году́ я отдыха́л на Кавка́зе.
2. У меня́ бы́ли **необы́чные** кани́кулы.
3. Я жил в **спорти́вном** ла́гере.
4. Я спал в **большо́й** пала́тке.
5. Мы ча́сто ката́лись на ма́унтинба́йке к **краси́вому** о́зеру.
6. Мы купа́лись в **Чёрном** мо́ре.
7. Мы гуля́ли в гора́х с **молоды́м** тре́нером.
8. Сейча́с я чита́ю **интере́сную** кни́гу о Кавка́зе.

12 На Байка́ле

а) Алёна говори́т с подру́гой о Байка́ле. Допо́лните вопро́сы и отве́ты.

Подру́га:	Алёна:
– Почему́ у тебя́ бы́ли необы́чные кани́кулы?	– У меня́ бы́ли необы́чные кани́кулы, потому́ что я отдыха́ла на Байка́ле.
– … ты отдыха́ла на Байка́ле?	– … там хорошо́.
– … там хорошо́?	– … мы жи́ли в дере́вне.
– … вы жи́ли в дере́вне?	– … мы лю́бим лови́ть ры́бу.
– … вы лю́бите лови́ть ры́бу?	– … мы лю́бим сиде́ть у о́зера.

б) **О себе́** Erstellt ein Kettengespräch über eure Ferien nach dem Muster von a). Welche Partnergruppe bildet die längste Kette?

S 8 ◎

В спорти́вном ла́гере

1

Ви́тя, приве́т!
Как дела́? Я в спорти́вном ла́гере в Со́чи. В ла́гере стро́гая дисципли́на, поэ́тому мы встаём в 6 часо́в и де́лаем заря́дку. У нас ка́ждый день трениро́вки, но иногда́ мы е́здим на экску́рсии. У нас здесь о́чень хоро́шая пого́да, хотя́ вчера́ шёл дождь и бы́ло хо́лодно, но сего́дня опя́ть тепло́ и све́тит со́лнце. Здесь так здо́рово! Па́льмы, го́ры, мо́ре!
Макс

Ви́ктор На́уман
ул. Пу́шкина д. 26 кв. 98
119526 Москва́
Росси́я

S 9 ◎

2

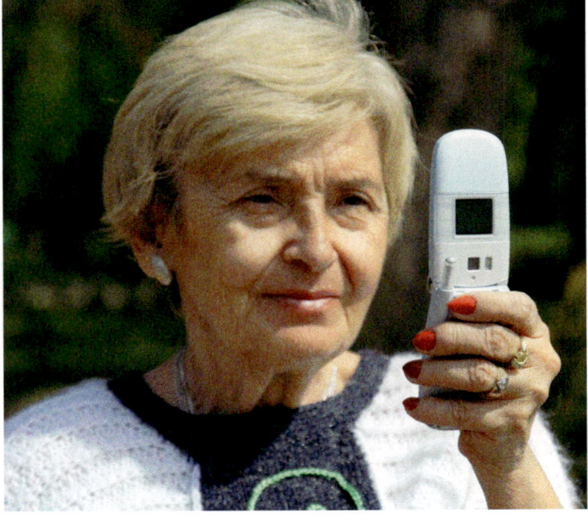

Серёжа: Макс, что ты там так до́лго де́лал?
Макс: Я, наконе́ц, написа́л откры́тку.
Серёжа: Ага́, отли́чная иде́я! В про́шлом году́ я написа́л откры́тку ба́бушке. Представля́ешь, она́ её получи́ла то́лько че́рез ме́сяц. Поэ́тому мы купи́ли ей моби́льник. Тепе́рь я ка́ждый день получа́ю от неё SMS-ки.
Во́ва: А я писа́ть не люблю́! Я всегда́ звоню́. Вчера́ я позвони́л домо́й и ма́ма сказа́ла, что …
Макс: Смотри́те, дискоте́ка с DJ Го́шей. Здо́рово! Я так мно́го чита́л о его́ му́зыке.
Серёжа: А я то́лько вчера́ прочита́л интервью́ с DJ Го́шей в журна́ле.

S 10 ◎

3

Во́ва: Ой, я так хочу́ на дискоте́ку! Ребя́та, а вы?
Серёжа: Да! Но как?
Макс: В про́шлом году́ мы там бы́ли, но тре́неру не сказа́ли. Мы сиде́ли на пля́же, му́зыка была́ про́сто класс! Мы всё слы́шали.
Во́ва: Хоро́шая иде́я!
Серёжа и Макс: Идём! Но ребя́та, э́то секре́т.

1 К те́ксту

а) Макс пи́шет Ви́те о пого́де в Со́чи. Отве́тьте на вопро́сы.
1. Кака́я пого́да в Со́чи? 2. Кака́я пого́да сего́дня? 3. Кака́я пого́да была́ вчера́?

б) Прочита́йте резюме́ (Resümee). Найди́те и испра́вьте оши́бки. Како́е резюме́ пра́вильно?

1. Макс пи́шет Ви́те откры́тку из спорти́вного ла́геря. Ему́ о́чень нра́вятся экску́рсии, трениро́вки и да́же заря́дка, потому́ что дисципли́на стро́гая. Серёжа пи́шет SMS-ки ба́бушке, а Во́ва то́лько звони́т по телефо́ну. Они́ хотя́т на дискоте́ку и хотя́т сказа́ть об э́том тре́неру.

2. Макс пи́шет Ви́те откры́тку из спорти́вного ла́геря. Ему́ не нра́вятся экску́рсии, трениро́вки и заря́дка, хотя́ дисципли́на стро́гая. Серёжа получа́ет откры́тки от ба́бушки, а Во́ва да́же не звони́т по телефо́ну. Они́ не хотя́т на дискоте́ку, но тре́нер хо́чет на дискоте́ку.

3. Макс пи́шет Ви́те откры́тку из спорти́вного ла́геря. Ему́ о́чень нра́вятся экску́рсии, трениро́вки и да́же заря́дка, хотя́ дисципли́на стро́гая. Серёжа получа́ет SMS-ки от ба́бушки, а Во́ва то́лько звони́т по телефо́ну. Они́ хотя́т на дискоте́ку, но не хотя́т говори́ть тре́неру об э́том.

2 Так говоря́т – Пого́да 13

!

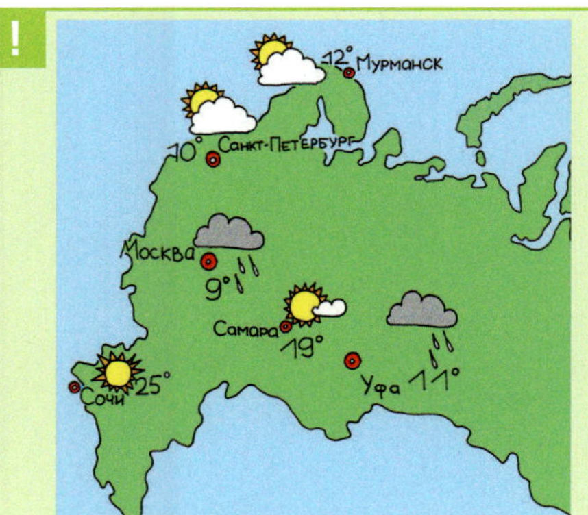

– Кака́я сего́дня пого́да?/Кака́я пого́да была́ вчера́?
– Сего́дня (о́чень) хоро́шая/плоха́я пого́да./ Вчера́ была́ ...
– Со́лнце све́тит/свети́ло.
– До́ждь идёт/шёл.
– Снег идёт/шёл.
– Здесь/На у́лице (бы́ло) тепло́/хо́лодно. Температу́ра (была́) - (ми́нус) 20 гра́дусов/+ (плюс) 33 гра́дуса.

1 (оди́н) гра́дус
2, 3, 4 гра́дус**а**
5–20 гра́дус**ов**

а) Fragt abwechselnd nach dem Wetter in den verschiedenen Städten und antwortet darauf.
– Кака́я сего́дня пого́да в ...? – Сего́дня в ...

б) Как вы ду́маете, кака́я пого́да была́ вчера́ в э́тих города́х (in diesen Städten)?

3 По следа́м ... § 3 14

а) Im 2. Abschnitt von Text Б findet ihr Verbpaare, deren Partner sich in Aussehen und Bedeutung ähneln. Sucht die vier Paare heraus und notiert jeweils die Infinitive.

б) Die Partner eines Verbpaares heißen **Aspekte**. Wie unterscheiden sie sich in ihrem Aussehen?

в) Die Partner von купи́ть und сказа́ть kennt ihr aus Band 1. Wie heißen sie?

4 Чита́л и́ли прочита́л? §4, 5

Ма́льчик чита́л кни́гу.

Ма́льчик ка́ждый день звони́л домо́й.

Ма́ша писа́ла откры́тку.

Ба́бушка всегда́ покупа́ла Све́те пода́рки.

1б
Ма́льчик прочита́л кни́гу.

В сре́ду он позвони́л подру́ге.

Ма́ша написа́ла откры́тку.

Сего́дня она́ купи́ла пода́рок Алёше.

а) Перепиши́те табли́цу. Sucht die Verben aus den Sätzen heraus und tragt sie in die Tabelle ein.

unvollendet	vollendet

б) Findet mithilfe der Bilder heraus, in welchen Situationen der jeweilige Aspekt verwendet wird. Notiert eure Ergebnisse in der Tabelle.

в) Посмотри́те и прочита́йте ещё раз. Welcher Aspekt drückt den Verlauf, das Andauern oder die Wiederholung einer Handlung aus? Welcher drückt das Ergebnis oder die Einmaligkeit einer Handlung aus? Ergänzt eure Tabelle.

5 По следа́м … §5 15, 16

мно́го (раз) | всегда́ | обы́чно | до́лго | иногда́ | ка́ждый день | ча́сто | наконе́ц | вдруг

а) Signalwörter helfen euch bei der Wahl des richtigen Aspekts. Findet mithilfe eurer Ergebnisse aus Übung 4 heraus, welche der folgenden Wörter mit dem unvollendeten bzw. mit dem vollendeten Aspekt stehen. Ergänzt eure Tabelle aus Übung 4.

б) Sucht Signalwörter im 2. Abschnitt von Text Б. Notiert sie mit den zugehörigen Verben. Sagt, um welchen Aspekt es sich handelt und warum er hier verwendet wird.

6 В спорти́вном ла́гере

Допо́лните предложе́ния.
Gebraucht den unvollendeten oder den vollendeten Aspekt im Präteritum.

а) 1. Макс ка́ждый день ■ SMS-ки. Но в сре́ду он ■ откры́тку. (писа́ть – написа́ть)
2. Сего́дня Во́ва ■ домо́й. Обы́чно он ■ то́лько подру́ге. (звони́ть – позвони́ть)
3. Ка́ждый день Во́ва ■ в кио́ске моро́женое. Вчера́ он ■ журна́л «Star». (покупа́ть – купи́ть)
4. Во́ва до́лго ■ журна́л. Вчера́ он его́ наконе́ц ■. (чита́ть – прочита́ть)
5. Макс ка́ждый день ■ о Го́ше. Наконе́ц он ■, что в про́шлом году́ он не был на дискоте́ке. (говори́ть – сказа́ть)
6. Обы́чно они́ ■ заря́дку в 6 часо́в, но сего́дня они ■ её в 7 часо́в. (де́лать – сде́лать)

б) Как вы ду́маете, ребя́та бы́ли на дискоте́ке? Почему́ вы так ду́маете?

7 Чемпиона́т на бана́не 17

Продо́лжите предложе́ния. Ergänzt dabei die Signalwörter.

1. Ба́бушка ■ отдыха́ла на да́че,	а) и ■ расска́зывала о «Чемпиона́те на бана́не».
2. ■ о́на нам звони́ла,	б) пото́му что она́ получи́ла приз «Жёлтый бана́н».
3. Пото́м она́ ■ не писа́ла SMS-ки,	в) и говори́ла о мо́ре и бана́не.
4. ■ она́ написа́ла SMS-ку,	г) потому́ что она́ ■ ката́лась на бана́не.
5. ■ ве́чером она́ позвони́ла,	д) но в э́том году́ она́ хоте́ла отдохну́ть за грани́цей.

ка́ждый день | до́лго (2x) | наконе́ц | мно́го | вдруг | всегда́

8 По-ру́сски 18

Ва́ля ist bei der Schülerzeitung. Er interviewt seine Mitschüler über ihre Ferien.

а) Übernehmt die Rolle von Ва́ля und formuliert seine Fragen. Er möchte wissen,
1. ob die Schüler die Ferien in Russland oder im Ausland verbracht haben,
2. wo genau sie waren,
3. warum sie dort waren,
4. was die Schüler dort gemacht haben,
5. ob das Wetter gut oder schlecht war.

б) Отве́тьте на вопро́сы Ва́ли.

в) Разыгра́йте сце́нку.

9 А́дрес

а) Посмотри́те на откры́тку на страни́це 17. Was bedeuten die Abkürzungen ул., д. und кв.? In welchem Fall steht der Name der Person, nach der die Straße benannt ist?

б) Wie ist die Adresse im Russischen aufgebaut? Vergleicht mit der Anordnung in Deutschland und anderen Ländern, in die ihr schreibt.

Den Namen eines russischen Freundes kannst Du in der Adresse einer Postkarte im Nominativ oder im Dativ schreiben, z. B. Серге́й Ивано́в oder Серге́ю Ивано́ву.

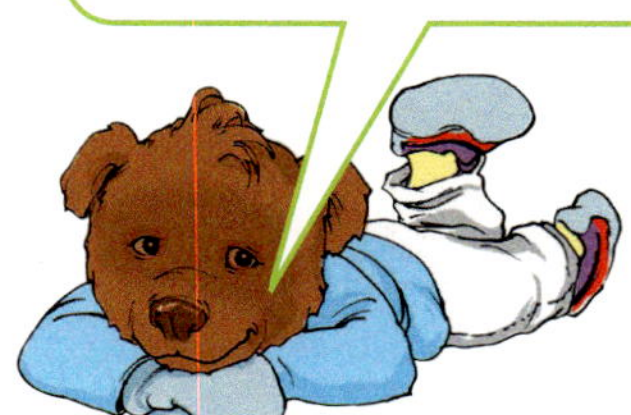

10 Страте́гия – Eine Postkarte schreiben 19, 20

Anrede:	Дорого́й/Дорога́я .../Здра́вствуй(те), .../Приве́т, ...
Nach dem Befinden fragen:	Как дела́?
Schreiben ...	
– wie es einem geht:	У меня́ всё хорошо́/норма́льно.
– wo man sich gerade aufhält:	Я в/у .../Мы с роди́телями в ...
– was man gemacht hat:	Вчера́ я ...
– wie das Wetter ist:	У нас хоро́шая/плоха́я пого́да: ...
Grußformel:	До свида́ния./Пока́./Целу́ю.

* Euer Freund Серге́й Ивано́в wohnt in der Gagarinstr. 21, Wohnung Nummer 3, in 196 135 St. Petersburg, Russland. Schreibt ihm auf Russisch eine Postkarte über eure Ferien. Legt sie in eurem Portfolio-Ordner ab.

Ле́тний ла́герь «Какаду́»

Приглаша́ем дете́й шко́льного во́зраста[1] на о́тдых в ле́тний ла́герь.
Наш[2] ле́тний ла́герь – э́то спорт, о́тдых и подгото́вка к сле́дующему[3] уче́бному го́ду.
Ждём Вас с ию́ня по[4] а́вгуст.

Чем мы занима́емся

Учёба

Учителя́ организу́ют интере́сный о́тдых для дете́й. Они́ помога́ют им по шко́льным предме́там[5]. Учителя́ занима́ются с ребя́тами матема́тикой, хи́мией, фи́зикой и англи́йским языко́м.

О́тдых

В ла́гере де́ти занима́ются спо́ртом и игра́ют в интеллектуа́льные и́гры. Де́ти мно́го купа́ются и загора́ют на берегу́ реки́. В ла́гере есть спорти́вные соревнова́ния[6] и да́же олимпиа́да по матема́тике.

Экску́рсии

Мы организу́ем авто́бусные пое́здки в ста́рые ру́сские города́ Яросла́вль и Влади́мир. На экску́рсиях ребя́та узна́ют об исто́рии и о знамени́тых лю́дях, кото́рые[7] жи́ли в э́тих города́х.

а) Прочита́йте текст и перепиши́те табли́цу. Ihr wisst bereits, dass man unbekannte Wörter mit einigen Strategien ohne Wörterbuch selbst erschließen kann. Versucht die Bedeutung folgender Wörter selbst herauszufinden. Lasst euch nicht von den unbekannten Endungen entmutigen, ihr versteht die Wörter auch ohne diese zu kennen. Tragt die Wörter in die Tabelle ein und notiert, über welche Strategie ihr sie erschlossen habt.

ле́тний | шко́льный | подгото́вка | уче́бный год | учёба | организова́ть | хи́мия | фи́зика | англи́йский язы́к | интеллектуа́льная игра́ | олимпиа́да по матема́тике | авто́бусная пое́здка | узна́ть | исто́рия

Unbekanntes Wort	Deutsche Bedeutung	Wie habe ich es erschlossen?			
		Deutsch	andere Sprache	Wortfamilie	Kontext
ле́тний	■			ле́то	
шко́льный	■				

б) Formuliert W-Fragen zum Text und beantwortet sie.
в) Ihr habt sicherlich noch Fragen zum Text. Schreibt sie auf und stellt sie der Klasse.
г) Сравни́те кани́кулы Ма́кса (текст Б) и кани́кулы в ла́гере «Какаду́».
д) Was gefällt euch an diesem Angebot und was nicht? Würdet ihr solche Ferien verbringen wollen?

---

1 во́зраст Alter – **2 наш** unser – **3 сле́дующий** nächste – **4 с … по** von … bis – **5 предме́т** (Unterrichts-)Fach – **6 спорти́вное соревнова́ние** Sportwettkampf – **7 кото́рые** die, welche

В Санкт-Петербу́рге

Петерго́ф недалеко́ от Санкт-Петербу́рга А

Б Петропа́вловская кре́пость

Зи́мний дворе́ц и Эрмита́ж на берегу́ Невы́ В

Не́вский проспе́кт Г

Д Исаа́киевский собо́р

L 2 **а)** Послу́шайте те́ксты. Sagt, in welcher Reihenfolge die Sehenswürdigkeiten vorgestellt werden. Welche Sehenswürdigkeit wurde nicht genannt?

» Пе́рвый текст – э́то фо́то …

б) Прочита́йте предложе́ния, а пото́м послу́шайте CD ещё раз.
Како́е предложе́ние подхо́дит к како́му фо́то?

1. Здесь ра́ньше зимо́й жи́ли ру́сские цари́.
2. Э́то гла́вная у́лица Петербу́рга.
3. Она́ нахо́дится на о́строве.
4. Э́тот большо́й собо́р сего́дня музе́й.

» Пе́рвое предложе́ние – э́то фо́то …

L 3 **в)** Послу́шайте CD ещё раз. Wo beginnt die Stadtrundfahrt und wo endet sie?

15 В хо́стеле «Се́верные острова́»

И́ра и её однокла́ссники на экску́рсии в Петербу́рге. Ве́чером они́ смо́трят фотогра́фии.

О́ля: Э́то где?
И́ра: Э́то у фонта́нов в Петерго́фе.
О́ля, ты там ви́дела орке́стры в па́рке?
О́ля: Музыка́нтов? Нет, а что?
И́ра: Жаль, они́ так кла́ссно игра́ли!
О́ля: А э́то где?
И́ра: Э́то о́коло корабле́й на Неве́.
О́ля: Краси́вый го́род, пра́вда? Так мно́го музе́ев, рек, кана́лов и мосто́в!
И́ра: Да, и то́же мно́го магази́нов!

1 По следа́м … §6

а) Угада́йте слова́. Bildet von den gefundenen Wörtern den Nominativ Plural und notiert die Formen im Heft. Mischka hilft euch bei den Besonderheiten.

1. бль-ко-ра
2. н-та-н-фо
3. де-ля-не
4. тель-чи-у
5. в-о-с-о-л
6. к-а-е-р
7. е-м-р-о
8. з-е-м-у-й
9. ов-тр-ос
10. я-то-фи-гра-фо
11. ца-ите-ни-уч-ль
12. но-сс-ни-к-кла-од
13. ца-ни-ти-гос
14. нт-зы-му-ка

Einige maskuline Substantive bilden den Nominativ Plural auf betontes -а́/-я́, z. B. го́род - города́.

Продо́лжите: о́стров, бе́рег, лес, по́езд, ве́чер, дом, но́мер, дире́ктор.

б) Перепиши́те табли́цу. Untersucht die Substantive aus a) danach, ob sie Gegenstände (unbelebt) oder Lebewesen (belebt) sind und ordnet sie in die Tabelle ein.

Plural		maskulin		neutral		feminin	
		hart	weich	hart	weich	hart	weich
N.	unbelebt belebt						

2 Стихи́ 1

Допо́лните стихи́. Bildet ähnliche Reime mit dem Nominativ Plural.

1. Магази́н и магази́ны,
У́лица и у́лиц■.
Здесь музе́й и там музе́■,
Вот он мост, а там мост■́.

2. Учи́тель и учител■́,
го́род здесь, там город■́,
о́стров, о́стров, остров■́,
так и бе́рег – берег■́.

3 По следа́м … §§ 7,8 2

а) Erweitert eure Tabelle aus 1 б). Vervollständigt sie mit den Genitiv- und Akkusativformen der bereits eingetragenen Substantive, die ihr im Text (S. 23) findet.

б) Vergleicht die Endungen der Substantive im Akkusativ und Genitiv Plural. Formuliert eine Regel. Leitet danach die fehlenden Formen ab.

Plural		maskulin			neutral		feminin		
		hart	weich		hart	weich	hart	weich	
N.	unbelebt belebt	…	…	…	…	…	…	…	…
G.	unbelebt belebt	■ острово́в ■ музыка́нтов	■ учителе́й	■	слов	море́й	■ ■ учи́тельниц	неде́ль	фотогра́фий
A.	unbelebt belebt	фонта́ны острова́ ■ ■	корабли́ учителе́й	музе́и	слова́	моря́	ре́ки ■ учи́тельниц	■	■

4 На экску́рсии 3

а) Продо́лжите диало́г.

Ира: У тебя́ есть фотогра́фия корабле́й на Неве́?
О́ля: Нет, но у меня́ есть фотогра́фия собо́ров. И́ра, у тебя́ есть фотогра́фия …?

б) Скажи́те, что О́ля и И́ра ещё ви́дели на экску́рсии.

О́ля: На экску́рсии мы ви́дели кана́лы.
И́ра: Да, здесь так мно́го кана́лов!

корабли́ на Неве́, собо́ры, мосты́, одноклáссницы, универмáги на Не́вском проспе́кте, дискоте́ки, стадио́ны, трамва́и, тури́сты, гости́ницы, острова́, хо́стелы, директора́, фонта́ны

фонта́н | о́стров | мост | учени́ца | тури́ст | о́зеро
река́ | учени́к | кора́бль | музыка́нт | у́лица | музе́й

в) О себе́ Jeder notiert fünf Dinge, die er sich gerne auf Exkursionen ansieht. Es darf auch lustig sein. Спроси́те друг дру́га, (на) что вы лю́бите смотре́ть во вре́мя экску́рсии и отве́тьте на вопро́сы.

Го́род на Неве́

16 Ира и её одноклáссники пи́шут на интернéт-сáйте шкóлы № 51 об экскýрсиях в Петербýрге.

«Сéверная Венéция» – средá 6 октябрá

Вчерá мы дóлго гуля́ли по ýлицам Петербýрга. Экскýрсия мне óчень понрáвилась. Каки́е краси́вые мосты́ и канáлы! Тепéрь я понимáю, почемý говоря́т, что Петербýрг – э́то «Сéверная Венéция». А ещё жаль ☹, что мы не бы́ли здесь в ию́не. В э́том мéсяце в гóроде Бéлые нóчи. На ýлицах нóчью совсéм светлó! Мóжно дáже читáть без лáмпы. Юра Левашóв

Бéлые нóчи в Санкт-Петербýрге

17 **В теáтре – четвéрг 7 октябрá**

Сегóдня днём мы бы́ли на экскýрсии, а вéчером ходи́ли в Мариинский теáтр и смотрéли балéт «Лебеди́ное óзеро». Э́то бы́ло клáссно! Дéвочкам балéт óчень понрáвился ☺. Тóлько мáльчикам бы́ло скýчно ☹. А я э́то не понимáю! Натáша Панкрáтова

На балéте

18 **Петергóф – пя́тница 8 октябрá**

Сегóдня мы éздили в Петергóф – гóрод фонтáнов и дворцóв. Он нахóдится недалекó от Петербýрга. Гид был в костю́ме царя́ Петрá Пéрвого. Экскýрсия былá интерéсная и óчень весёлая. Мы узнáли, что Пётр Пéрвый был во Фрáнции, в Версáле. Емý óчень понрáвились парк с фонтáнами и прáздники с фейервéрками. Поэ́тому он пострóил «рýсский Версáль» – тóлько в Петергóфе бóльше фонтáнов. Есть дáже фонтáны для детéй. Ира Лукинá

Весёлая экскýрсия в Петергóфе

– Welches Foto haben die Schüler nicht selbst aufgenommen? Warum nicht?
– Findet eine russische Überschrift für die Homepage.

1 К тéксту

а) Как прáвильно? Допóлните предложéния. Wenn ihr die Buchstaben der richtigen Lösungen notiert, erfahrt ihr, wie Санкт-Петербýрг heute noch genannt wird.

1. Санкт-Петербýрг – «Сéверная Венéция», потомý что
   - ★ в ию́не там Бéлые нóчи. (Г)
   - ★ в гóроде мнóго мостóв и канáлов. (П)
   - ★ там нóчью на ýлице óчень светлó. (Л)
2. В четвéрг ребя́та бы́ли
   - ★ в теáтре. (И)
   - ★ на концéрте. (Л)
   - ★ в кинó. (Б)
3. Балéт
   - ★ ребя́там óчень понрáвился. (Н)
   - ★ мáльчикам óчень понрáвился. (С)
   - ★ тóлько дéвочкам óчень понрáвился. (Т)
4. В пя́тницу ребя́та éздили
   - ★ в центр Петербýрга. (Ж)
   - ★ в Версáль. (У)
   - ★ в Петергóф. (Е)
5. Пётр Пéрвый постróил рýсский Версáль, потомý что
   - ★ он óчень люби́л пáрки с фонтáнами. (Р)
   - ★ прáздники с фейервéрками емý не óчень нрáвились. (Д)
   - ★ Петергóф нахóдится далекó от Петербýрга. (Ф)

б) ⊣ Informiert euch im Internet darüber, wann und von wem die Stadt gegründet wurde. ⊢

в) ⊣ Findet mithilfe des Textes heraus, welchem französischen Schloss Петергóф ähnelt. Wer hat Петергóф erbauen lassen und warum? ⊢

2 Аутсáйдер 4

а) Welches Wort passt von seiner Bedeutung her nicht in die Reihe? Begründet eure Entscheidung.

1. островá – мосты́ – лесá – корабли́
2. ýлицы – музéи – дворцы́ – собóры
3. мáльчики – цари́ – ги́ды – городá
4. концéрты – оркéстры – гитáры – хóстелы

б) Ergänzt die entstandenen Wortfelder aus a) mit weiteren Wörtern und illustriert sie.

3 По следáм … §8

S 19 **а)** Mischka zeigt euch, wie Dativ, Instrumental und Präpositiv Plural der Substantive gebildet werden. Перепиши́те и допóлните табли́цу.

Rap der Substantive:
-ам, -ами, -ах,
mach's doch einfach nach.
Nimm -ям, -ями, -ях dazu –
so dekliniert es sich im Nu.

Plural	maskulin		neutral		feminin		
	hart	weich	hart	weich	hart	weich	
D.	мáльчикам	■	■	моря́м	■	■	фотогрáфиям
I.	■	учителя́ми	■	■	■	недéлями	■
P.	о ■	об ■	об озёрах	о ■	об ýлицах	о ■	о ■

б) Erstellt eine vollständige Deklinationstabelle für die Substantive im Plural anhand folgender Beispiele: мост, дирéктор, трамвáй, царь, рубль, слóво, мóре, библиотéка, недéля, экскýрсия.

4 В Пи́тере 5

а) In St. Petersburg gibt es viele Exkursionsangebote. Welche würdet ihr euch noch wünschen? Denkt euch eigene Exkursionstitel aus. Präsentiert eure Ergebnisse der Klasse und wählt die fünf interessantesten Exkursionen aus.
Tipp: Das Foto verrät euch, welchen Kasus ihr beachten müsst.

б) Скажи́те, что ребя́та де́лали в Пи́тере.
Они́ гуля́ли по па́ркам и по у́лицам. (па́рки, у́лицы)

1. Они́ бы́ли у … (корабли́, фонта́ны, мосты́, кана́лы, однокла́ссницы).
2. Они́ ви́дели … (музыка́нты, у́лицы, фонта́ны, тури́сты, мосты́, учи́тельницы, озёра).
3. Они́ говори́ли с … (ги́ды, учителя́, подру́ги, ма́льчики, журнали́сты, де́вочки).
4. Они́ звони́ли … (роди́тели, ба́бушки, ма́льчики, подру́ги, учителя́).
5. Они́ е́здили на … (авто́бусы, трамва́и, метро́, электри́чки, тролле́йбусы).

5 Так говоря́т – Что мне (не) нра́вится … 6, 7

So kannst du ausdrücken, ob dir etwas gefällt/gefallen hat oder nicht:

Кому́? ☺ Мне (о́чень/осо́бенно/бо́льше) ☹ Мне не/не о́чень/совсе́м не
нра́вится/нра́вятся
понра́вился/понра́вилась/понра́вилось/понра́вились

Что? Кто? гид / экску́рсия / фо́то / фонта́ны
… … … …

О себе́ Спроси́те друг дру́га, что вам нра́вится/не нра́вится и отве́тьте на вопро́сы.
– Тебе́ нра́вится рок-му́зыка?
– Да, о́чень./Нет, не о́чень. Поп-му́зыка мне бо́льше нра́вится.

6 Страте́гия – Hörverstehen mit Hörraster

Lasst euch nicht entmutigen, wenn ihr nicht sofort alles versteht. Geht so vor:

1. **Vor dem ersten Hören:**
   – Lest die Höraufgabe(n) genau durch. Erstellt ein Hörraster zu den russischen W-Fragen und den Schwerpunkten der Höraufgabe(n).
   – Überlegt, wovon der Text handeln könnte. Nutzt dafür Überschriften, Fotos usw.
2. **Beim ersten Hören:** Konzentriert euch auf die Punkte des Hörrasters. Beachtet auch Stimmen und Hintergrundgeräusche und macht euch erste Notizen.
3. **Vor dem zweiten Hören:** Lest euch die Höraufgaben nochmals durch.
4. **Beim zweiten und wiederholten Hören:** Achtet auf die Punkte des Hörrasters, die ihr noch nicht ausgefüllt habt. Erschließt unbekannte Wörter aus dem Sinnzusammenhang.
5. **Nach dem Hören:** Nutzt eure Notizen zur Lösung der Höraufgaben.

Probiert diese Strategie in der Übung 7 (S. 28) aus.

7 «Мой Петерго́ф я всё ещё люблю́ ...»

а) Прочита́йте загла́вие (die Überschrift). Im folgenden Text wird die Person interviewt, von der dieser Ausspruch stammt. Um wen könnte es sich handeln?

б) Посмотри́те на фотогра́фии. Welche Rolle könnten die Fotos im Interview spielen?

в) Посмотри́те на рису́нок с Ми́шкой. Er erklärt euch, was das „О́хта-центр" ist. An welches Moskauer Projekt erinnert es euch?

г) Erstellt ein Hörraster wie in der Strategie beschrieben.

L 4 **д)** Послу́шайте интервью́. Beantwortet die W-Fragen auf Russisch.

е) Послу́шайте интервью́ ещё раз. Löst die Höraufgaben auf Deutsch.

1. Wie lauten Vor- und Vatersname der interviewten Person?
2. Was gefällt ihr am heutigen St. Petersburg und was nicht?
3. Was hält die Person vom „О́хта-центр"?
4. Wie gefällt der Person das Denkmal, das der Künstler Шемя́кин entworfen hat?

па́мятник Петру́ Пе́рвому
(Э.М. Фальконе́)

па́мятник Петру́ Пе́рвому
(М. Шемя́кин)

✻ 8 Пётр Пе́рвый 8

а) Gestaltet und illustriert einen Steckbrief über Пётр Пе́рвый. Nutzt dafür das Internet und andere Nachschlagewerke.

б) Legt alle Steckbriefe in der Klasse aus und führt einen „Museumsrundgang" durch. Wer hat den schönsten Steckbrief gestaltet? Legt euren Steckbrief im Portfolio-Ordner ab.

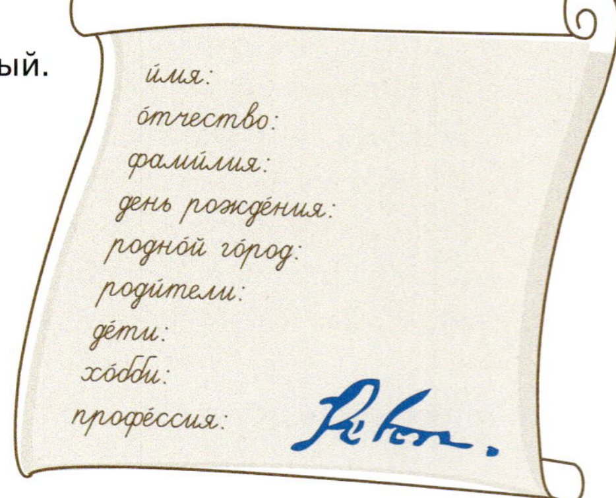

Экску́рсия по ре́кам и кана́лам

20 ◎ **1**

Гид: Добро́ пожа́ловать на борт! Вас ждёт интере́сная экску́рсия по ре́кам и кана́лам Петербу́рга. … Сейча́с мы нахо́димся на Фонта́нке. … Вы, наве́рное, зна́ете, что в Петербу́рге мно́го па́мятников. Сле́ва вы ви́дите па́мятник Чи́жику-Пы́жику. Он о́чень, о́чень ма́ленький, то́лько 11 сантиме́тров.

Ми́ша: А почему́ лю́ди броса́ют моне́тки?

Гид: Э́то прино́сит уда́чу!

Ми́ша: Ва́у!!! Я то́же хо́чу попро́бовать!

Та́ня/Ники́та: Мы то́же хоти́м.

21 ◎ **2**

Са́ша: Смотри́те, на мосту́ брейк-да́нсеры!

Ми́ша: Как здо́рово они́ танцу́ют!

О́льга Ви́кторовна: Ой, ребя́та, а где же И́ра Лукина́?

О́ля: Я ви́дела её пе́ред экску́рсией, на Не́вском проспе́кте.

О́льга Ви́кторовна: У кого́ есть но́мер моби́льника И́ры?… Ах, вот же он … 8 903 248 1335 … Алло́, И́ра, где ты? С кем ты там? Что ты там де́лаешь?

И́ра: Я на Не́вском фотографи́ровала. Ведь я интересу́юсь …

О́льга Ви́кторовна: Мне не интере́сно, чем ты интересу́ешься. С тобо́й всегда́ то́лько пробле́мы!

И́ра: О́льга Ви́кторовна, извини́те, пожа́луйста! Я жду вас у «До́ма кни́ги».

1 У «До́ма кни́ги»

И́ра стои́т у «До́ма кни́ги». Она́ ждёт учи́тельницу и однокла́ссников.
Вот они́ иду́т. О́льга Ви́кторовна говори́т: «…».
Wie könnte das Gespräch zwischen И́ра und ihrer Lehrerin verlaufen sein?

2 К те́ксту ▯9

Bildet Sätze aus den Wörtern der Rubriken А, Б, В, die den Textinhalt zusammenfassen.
Ihr könnt euch selbst überprüfen: А + Б + В = 12.

А	Б	В
1 Ребя́та	4 ду́мают,	2 о па́мятнике Чи́жику-Пы́жику.
2 Гид	2 не зна́ет	4 по река́м и кана́лам.
3 Тури́сты	3 звони́т	6 моне́тки в Чи́жика-Пы́жика.
4 Лю́ди	7 де́лают экску́рсию	2 И́ре.
5 Брейк-да́нсеры на мосту́	2 ждёт	4 что э́то прино́сит уда́чу.
6 Учи́тельница	8 расска́зывает	1 у «До́ма кни́ги».
7 О́льга Ви́кторовна	5 нра́вятся	4 где И́ра Лукина́.
8 И́ра	1 фотографи́ровала	2 ребя́там.
9 И́ра Лукина́	3 броса́ют	3 на Не́вском проспе́кте.

3 Вы зна́ете Чи́жика-Пы́жика? ▯10

а) Расскажи́те друг дру́гу о Чи́жике-Пы́жике.
Bildet abwechselnd einen Satz.
Wer die meisten richtigen Sätze sagen kann, gewinnt. Nutzt die Informationen aus Text Б und der Tafel.

б) „Glücksbringer" wie Чи́жик-Пы́жик gibt es auf der ganzen Welt. Kennt ihr Beispiele aus anderen Städten und Ländern oder eurem eigenen Heimatort?

Чи́жик-Пы́жик

День рожде́ния:
19 ноября́ 1994 го́да

Роди́тели:
фестива́ль «Золото́й Оста́п»
худо́жник Резо́ Габриа́дзе
архите́ктор Сла́ва Буха́ев

4 Зву́ки

S 22 а) Послу́шайте и повтори́те. Achtet auf die Aussprache der verschiedenen Zischlaute.

[ж] **пожа́луйста – да́же – уже́ – жаль – мо́жно – ка́ждый – ждать – жить – Чи́жик-Пы́жик**
[ш] **большо́й – широ́кий – шко́ла – про́шлый – маши́на – ба́бушка – де́душка – ра́ньше**
[щ] **щи – пло́щадь**
[ч] **вчера́ – че́рез – чита́ть – де́вочка – ма́льчик – да́ча – ночь – Чи́жик-Пы́жик**

L 5 б) Fertigt für die Buchstaben ж, ш, щ und ч jeweils ein Kärtchen an.
Zeigt damit, welche Laute ihr hört.

Hörrunde 1: ж oder ш?
Hörrunde 2: ч oder ш?
Hörrunde 3: ч oder щ?

S 23 в) Послу́шайте и повтори́те скорогово́рки. Вы́учите их наизу́сть. (→ S. 125)

Я жук, я жук, я здесь живу́.
Жужжу́, жужжу́, всю жизнь жужжу́.

Щу́ку я тащу́, тащу́,
Щу́ку я не упущу́.

5 По следа́м … § 9

Перепиши́те табли́цу. Ordnet dann die Fragepronomen in eure Tabelle ein. Die Präpositionen helfen euch.

N.	кто?	что?
G.		

6 С кем …? О чём …? 11

Соста́вьте вопро́сы.

О́льга Ви́кторовна и однокла́ссники И́ры на экску́рсии по ре́кам и кана́лам.
→ **Кто** на экску́рсии по ре́кам и кана́лам?

1. Ребя́та ви́дят **ре́ки и кана́лы Санкт-Петербу́рга**.
2. Гид расска́зывает **о па́мятниках Санкт-Петербу́рга**.
3. **И́ры** нет на экску́рсии.
4. Ма́льчики не интересу́ются **бале́том**.
5. Учи́тельница говори́т **с ученика́ми** об И́ре.
6. Учи́тельница звони́т **И́ре**.
7. **У И́ры** есть пробле́ма.
8. И́ра ждёт **учи́тельницу и однокла́ссников** у «До́ма кни́ги».

7 По следа́м … § 10 12

а) Instrumental und Präpositiv der Personalpronomen sind in einem Rätsel versteckt.
Перепиши́те и допо́лните табли́цу.

① = а
② = е
③ = ё
④ = и
⑤ = о

	я	ты	он/оно́	она́	мы	вы	они́
I.	мн⑤й	т⑤б⑤й	(н)④м	(н)②й	н①м④	в①м④	(н)④м④
P.	(обо) мн②	(о) т②б②	(о) н③м	(о) н②й	(о) н①с	(о) в①с	(о) н④х

б) Допо́лните предложе́ния.

1. Ребя́там **экску́рсия** по го́роду о́чень понра́вилась. Они́ до́лго говори́ли о ■.
2. Гид интере́сно расска́зывал о **царя́х**. Ученики́ мно́го узна́ли о ■.
3. Тури́сты хо́дят по **музе́ю**. В ■ мо́жно посмотре́ть интере́сные карти́ны.
4. Ребя́та ви́дят **брейк-да́нсеров** на мосту́. Они́ о́чень интересу́ются ■.
5. У **меня́** есть биле́ты в теа́тр. Ты хо́чешь со ■ посмотре́ть бале́т «Лебеди́ное о́зеро»?
6. **Вы** хоро́ший гид! С ■ всегда́ интере́сно.

8 Что вы хоти́те? § 11 13

Schreibt das Gedicht ab und ergänzt die euch bekannten Konjugationsformen von хоте́ть im Singular. Die fehlende Pluralform findet ihr in Text Б. Nach welchem Typ wird das Verb im Singular, nach welchem Typ im Plural konjugiert?

Что вы хоти́те?
Я ■ стихи́ писа́ть, а ты не ■ их чита́ть?
Он ■ мне всегда́ звони́ть,
а мы ■ с ним говори́ть.
Вы хоти́те загора́ть, а они́ хотя́т игра́ть.

9 Ве́чером в Петербу́рге 14

а) Вста́вьте «хоте́ть» в ну́жной фо́рме. (Setzt … in der erforderlichen Form ein.)

Ми́ша: Ребя́та, что вы ■ де́лать сего́дня ве́чером? Я ■ идти́ в кино́.
Са́ша: Хоро́шая иде́я! Я то́же ■.
И́ра: Слы́шишь, О́ля? Ма́льчики ■ посмотре́ть фильм.
О́ля: Да, но мы с Та́ней ■ гуля́ть по го́роду.
Та́ня: Нет, я не ■ гуля́ть. Я ■ пойти́ в кафе́.
И́ра: Кафе́ – э́то кла́ссно! О́ля, ты то́же ■ в кафе́?
О́ля: Не зна́ю … Ми́ша, а како́й фильм вы ■ посмотре́ть? Я ■ пойти́ с ва́ми.

б) Скажи́те, кто идёт ку́да и с кем.

в) Вы то́же на экску́рсии. По́сле обе́да у вас свобо́дное вре́мя. Что вы (не) хоти́те де́лать? Соста́вьте ма́ленькие диало́ги. Übt besonders die Pluralformen von хоте́ть.

★ Ребя́та, вы хоти́те гуля́ть по го́роду?
★ Коне́чно, хоти́м. Э́то здо́рово! / Нет, сего́дня не хоти́м. Дождь идёт.

1. посмотре́ть но́вый фильм
2. попро́бовать моро́женое
3. идти́ в музе́й
4. купи́ть сувени́ры
5. ходи́ть по магази́нам
6. отдыха́ть в па́рке

10 По следа́м … § 12

а) Vergleicht den Infinitiv des Verbs фотографи́ровать mit der 1. Person Singular. Leitet davon die restlichen Konjugationsformen ab und schreibt die Tabelle in euer Heft.

фотографи́ровать	
я	фотографи́рую
ты	■
■	■

б) Verben auf -евать verändern sich ebenso wie Verben auf -овать. Notiert die Formen von танцева́ть wie in а) in euer Heft.

Viele der Verben auf -овать verstehst du ganz leicht, denn sie sind Internationalismen. Versuch es gleich einmal: организова́ть, дискути́ровать, реаги́ровать, интерпрети́ровать, ремонти́ровать, протестова́ть, критикова́ть, информи́ровать.

в) Das Präteritum wird regelmäßig konjugiert. Vervollständigt eure Aufzeichnungen zu beiden Verben mit den Präteritumformen.

11 Моя́ люби́мая фотогра́фия 15

а) Посмотри́те на фотогра́фии и скажи́те, что ребя́та сфотографи́ровали в Санкт-Петербу́рге. Кака́я фотогра́фия вам осо́бенно нра́вится и почему́?

1

2

3

б) Как вы ду́маете, что И́ра сфотографи́ровала в Санкт-Петербу́рге? Der Stadtplan im Innenumschlag hinten hilft euch dabei.

в) **О себе́** Что вы лю́бите фотографи́ровать? Bringt zwei Fotos mit, die ihr selbst aufgenommen habt, und berichtet der Klasse darüber.

12 Чем ты интересу́ешься? 16

а) Reflexive Verben wie интересова́ться erkennt ihr am Suffix -ся. Nennt zwei weitere reflexive Verben. Wiederholt, welches Suffix bei der Konjugation nach Konsonanten und welches nach Vokalen steht. Notiert im Heft die Konjugationsformen von интересова́ться. Markiert die Suffixe.

б) Notiert die Sätze aus den Sprechblasen mit Formen von интересова́ться und übersetzt sie. Welcher Unterschied besteht zwischen der russischen Formulierung und der deutschen Übersetzung? Mit welchem Kasus wird интересова́ться gebraucht?

в) Чем они́ интересу́ются и́ли не интересу́ются?

1. Ма́льчикам бы́ло ску́чно на бале́те.
2. И́ра в Санкт-Петербу́рге до́лго гуля́ла по магази́нам мо́ды.
3. Ми́ше нра́вятся брейк-да́нсеры на мосту́.
4. О́льга Ви́кторовна лю́бит му́зыку Мо́царта.
5. Та́ня и А́ня не лю́бят ходи́ть в музе́и.
6. Ди́ма в хо́стеле не смотре́л фотогра́фии, он чита́л журна́л «Футболи́ст».

13 По-ру́сски

L 6 **а)** Du bist mit deinen Großeltern in St. Petersburg.
Deine Großeltern suchen Auskunft in der Touristeninformation.
Sie können kein Russisch, deshalb musst du für sie dolmetschen.

Deine Großeltern möchten wissen:	Die Angestellte antwortet:
– ob es weit bis zur Eremitage ist.	–
– wo es in Petersburg ein großes Kaufhaus gibt.	–
– welche interessanten Ausflüge es gibt.	–
– in welchem Theater man heute ein Ballett sehen kann.	–
– wo man Theaterkarten kaufen kann.	–
– wo sich Peterhof befindet.	–

L 7 **б)** Du möchtest wissen, wo man Karten für das Konzert der Gruppe И́ва Но́ва kaufen kann. –

L 8 **в)** Hört euch einen Ausschnitt aus dem Konzert an. (→ S. 125)

Го́род

Пога́с фона́рь. Трамва́й ушёл.
Седо́й янва́рь. Летя́щий шёлк.

Го́род пря́чется от зимы́,
Он без су́ммы и без суммы́,
И без го́лоса …
Он под сне́гом почти́ что стёрт.
Вдоль заснéженных ли́ний чёрт
Чёртит по́лосы.

Глухо́й февра́ль. Знако́мый лёд.
Гори́т фона́рь. Трамва́й идёт.

Го́род пря́чется от тепла́,
Разбива́ются в зеркала́х
Отраже́ния …
На грани́тном краю́ реки́
Львам немы́м подаю с руки́
Сны весе́нние …
Го́род пря́чется от тепла́,
Разбива́ются зеркала́ …
А тума́ны я
Украду́ с берего́в Невы́,
Вслед посмо́трят родны́е львы
Полупья́ные …

14 Санкт-Петербу́рг – краси́вый го́род!

игра́

Прое́кт-плака́т: Gestaltet für euren Klassenraum Plakate mit Fotos und kurzen Informationen über St. Petersburg. Nutzt dafür das Buch, den Stadtplan im Innenumschlag hinten und das Internet.

Приглашáем в Санкт-Петербýрг!

1 Экскýрсия

а) Прочитáйте реклáму.
Findet heraus, welches Angebot hier gemacht wird. Wer ist der Veranstalter?

б) Переведúте (Übersetzt).
день → дневнóй → дневны́е прогрáммы
ночь → ночнóй → ночны́е прогрáммы

в) Übersetzt die Titel der Touren.

г) Что знáчит «р.» на реклáме? А «кан.»?

д) Ihr habt am Nachmittag eine Stunde Zeit. Welche der Touren könnt ihr machen?

2 Музéй

а) Посмотрúте на реклáму. Auf welches Museum macht sie aufmerksam?

б) Прочитáйте текст. Findet heraus, auf wen die Tradition dieses Museums zurückgeht.

в) Welcher Ausstellungsteil interessiert euch besonders? Welche „Personen“ könnten euch dort erwarten?

г) In welchen Ländern/Städten befinden sich noch andere Museen dieser Art?

МУЗÉЙ ВОСКОВЫ́Х ФИГÝР

Пётр Пéрвый вúдел восковы́е фигýры, когдá он éздил по Еврóпе. Онú емý óчень понрáвились. Сегóдня в гóроде нахóдится знаменúтый Музéй восковы́х фигýр. В нём мóжно посмотрéть рáзные тематúческие вы́ставки[5], напримéр:

- истóрия Россúи
- мировáя[6] истóрия
- актёры и певцы́[7]
- лю́ди из Кнúги рекóрдов Гúннесса.

1 судохóдный Schiff- – **2 парáдный** *hier:* elegant – **3 куполá** Kuppeln – **4 катáние под развóдку мостóв** *hier:* Fahrt durch die geöffneten Brücken – **5 вы́ставка** Ausstellung – **6 мировóй** Welt- – **7 певéц** Sänger

Подготовка к ТРКИ

1 Вы уже хорошо знаете русский язык? ▸ лексика / грамматика

а) Выберите правильные варианты и дополните предложения.

б) Begründet eurem Partner gegenüber eure Entscheidung. Erklärt auch, warum ihr die anderen Varianten ablehnt.

Привет, Надя!
Пишу тебе письмо из ■ (1).
Я здесь отдыхаю с ■ (2). Здесь очень хорошо. Море, пляж, солнце! У меня есть новые друзья: Кристин из ■ (3) и Франческо из ■ (4). Я с ■ (5) часто хожу на пляж. Там мы ■ (6) в море и загораем. Иногда мы ездим на ■ (7). Представляешь, вчера мы были в Париже! Мы долго ■ (8) на Эйфелеву башню[1]. Потом мы долго ходили по ■ (9), и наконец я ■ (10) сувенир – маленькую Эйфелеву башню.
В Париже так много ■ (11). Это здорово! А ночью мы ■ (12) на корабле по реке Сене. А ещё мы ездили в Версаль. Здесь, как и в Петергофе, есть ■ (13) дворец с ■ (14) парком. В ■ (15) можно посмотреть очень красивые ■ (16). Я их много раз ■ (17).
Как у тебя дела? Где ты отдыхала летом?
Пока. Целую,
Лиза

(1) Францию/Франции/Францией
(2) родители/родителей/родителями
(3) Германию/Германией/Германии
(4) Италии/Италию/Италией
(5) они/ними/них
(6) катаемся/интересуемся/купаемся
(7) экскурсиям/экскурсиями/экскурсии
(8) смотрела/видели/смотрели
(9) магазину/магазинам/магазинах
(10) покупала/купалась/купила
(11) бутик/бутики/бутиков
(12) катались/занимались/купались
(13) знаменитого/знаменитый/знаменитым
(14) большом/большим/большому
(15) нему/него/нём
(16) фонтанов/фонтанам/фонтаны
(17) фотографировала/сфотографировала/фотографировал

L 9 ◎

2 Разговор по телефону ▸ аудирование

Послушайте диалог и найдите правильные ответы.

1. Надя разговаривает
   а) с бабушкой.
   б) с подругой.
   в) с другом.

2. Таня хочет отдыхать
   а) в парке.
   б) в бассейне.
   в) на даче.

3. Девочки хотят
   а) работать на компьютере.
   б) купаться и загорать.
   в) встречаться[2] в лесу.

4. Надя не любит ездить
   а) на велосипеде.
   б) на метро.
   в) на автобусе.

5. Ребята встречаются
   а) у Тани дома.
   б) у автобуса.
   в) у метро.

6. Они встречаются
   а) в 9 часов утра.
   б) в 8 часов утра.
   в) в 10 часов утра.

1 **Эйфелева башня** Eiffelturm – 2 **встречаться** sich treffen

3 Город на Оке ▸ чтение

Прочитайте текст и найдите правильные ответы.

Вы любите ездить на экскурсии? Вам нравятся старые города, новая техника и модные кафе? Приглашаем вас в Калугу! Калуга находится на берегу реки Оки. Этот город, хотя и небольшой, но очень красивый и интересный. В нём есть восемь музеев, пять кинотеатров и две дискотеки. Туристам, например, очень нравится бассейн «Дельфин». А ещё у нас есть очень знаменитый музей – музей космонавтики. В нём можно узнать всё о космонавтике в России. Приезжайте[1] в Калугу, мы ждём вас!

1. Этот текст можно назвать (nennen) …
   а) «Приезжайте в Калугу!».
   б) «Калуга – город дельфинов».
   в) «Музей космонавтики».

2. Калуга находится на берегу реки
   а) Москвы.
   б) Невы.
   в) Оки.

3. Калуга – … город.
   а) большой
   б) новый
   в) старый

4. В городе можно посмотреть
   а) 18 музеев.
   б) 8 музеев.
   в) 5 музеев.

5. В Калуге есть
   а) музей космонавтики.
   б) музей косметики.
   в) бассейн «Рыба».

6. Этот знаменитый музей рассказывает
   а) всё о городе.
   б) о космосе и технике.
   в) о бассейнах в России.

4 А завтра на экскурсию! ▸ письмо

У вас завтра экскурсия. Ваш (euer) друг сегодня не был в школе и не знает, что завтра экскурсия. Напишите ему SMS-ку:
– куда/в какой город вы едете,
– на чём вы едете,
– когда и где вы встречаетесь.

5 Диалоги ▸ говорение

Ответьте на вопросы ребят.

1. Вера: Привет! Скажи, пожалуйста, когда у нас экскурсия?
2. Митя: Что тебе больше нравится: каникулы на море или каникулы в горах? Почему?
3. Оля: Чем ты интересуешься?
4. Кирилл: Что ты делал(а) во время каникул?
5. Люда: Что ты любишь фотографировать?

---

1 **Приезжайте!** *hier:* Besuchen Sie uns!

Ко́нкурс «Мой родно́й го́род»

А

Б

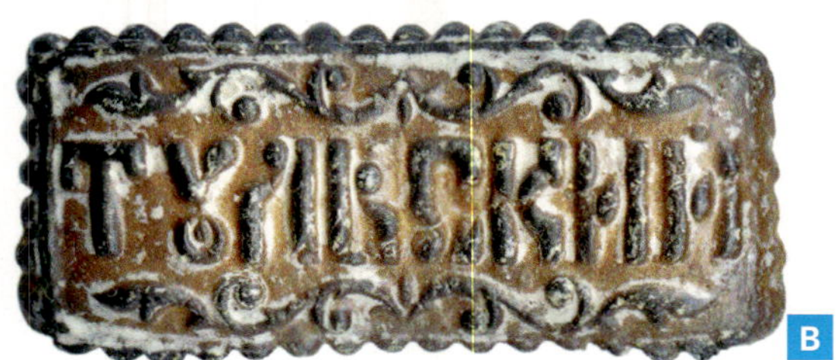

В

Г

1

Ту́ла

положе́ние: в це́нтре Росси́и, на ю́ге от Москвы́
река́: Упа́
гла́вная достопримеча́тельность: Кремль и его́ прекра́сные ба́шни и собо́ры
люби́мое ме́сто: кабине́т в Бе́лом до́ме
си́мвол: самова́р
сове́тую: чай из ту́льского самова́ра

Добро́ пожа́ловать в Ту́лу!

2

Ту́ла

положе́ние: до Москвы́ два часа́ на по́езде
моя́ река́: бассе́йн «ТулГУ»
гла́вная достопримеча́тельность: Экзота́риум
люби́мое ме́сто: скаме́йка в па́рке
си́мвол: пря́ники
сове́тую: кафе́-моро́женое «Ми́стер Айс»

В Ту́ле кла́ссно!

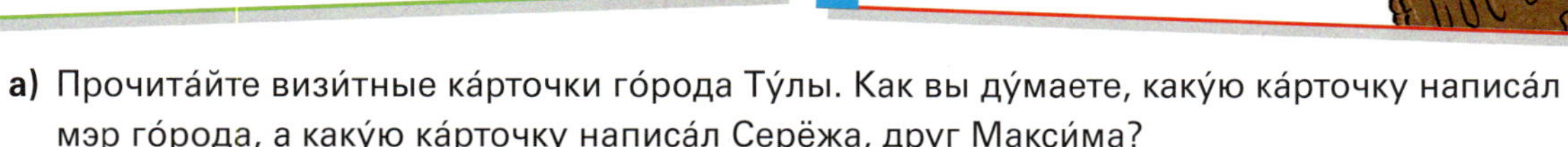

а) Прочита́йте визи́тные ка́рточки го́рода Ту́лы. Как вы ду́маете, каку́ю ка́рточку написа́л мэр го́рода, а каку́ю ка́рточку написа́л Серёжа, друг Макси́ма?

б) Прочита́йте визи́тные ка́рточки ещё раз. Что вы ви́дите на фотогра́фиях?
На фо́то А – …

в) Wählt eine Visitenkarte und erzählt eurem Partner über Tula. Baut dabei zwei falsche Informationen ein. Euer Partner findet die Fehler.

27 Хоро́ший шанс

Дире́ктор: Дороги́е ученики́! Хочу́ рассказа́ть вам об интере́сном ко́нкурсе. Те́ма ко́нкурса: «Мой родно́й го́род – ви́део-портре́т». Гла́вный приз: пое́здка в Ню́рнберг – неме́цкий го́род пря́ников. Э́то для вас хоро́ший шанс.
У нас в Ту́ле так мно́го интере́сных мест: музе́и, Кремль с его прекра́сными ба́шнями и собо́рами, па́мятники. Сове́тую та́кже сфотографи́ровать иностра́нных тури́стов, как они́ гуля́ют по истори́ческим у́лицам и́ли как про́буют вку́сные пря́ники в ма́леньких кафе́ це́нтра. И ещё …

1 Дире́ктор о Ту́ле   1, 2

а) Findet in der Rede des Direktors die passenden Substantive und setzt sie in den Nominativ Plural.
» Ту́ла интере́сный го́род, потому́ что там …
1. интере́сные ■   2. прекра́сные ■   3. истори́ческие ■   4. вку́сные ■   5. ма́ленькие ■

б) **О себе́** Почему́ твой го́род интере́сный/твоя́ дере́вня интере́сная?
Findet Verbindungen im Nominativ Plural nach dem Muster von Aufgabe a).

2 По следа́м …   § 13

Die Deklination der Adjektive im Plural lernt sich schnell: die Endungen sind für alle Geschlechter gleich.

Перепиши́те табли́цу. Ergänzt die fehlenden Adjektivformen aus dem Text und markiert ihre Endungen.

N.	■ ученики́
G.	мно́го ■ мест
D.	по ■ у́лицам
A.	про́бовать ■ пря́ники сфотографи́ровать ■ тури́стов
I.	с ■ ба́шнями
P.	в ■ кафе́

3 Тури́сты   3, 4

Расскажи́те о тури́стах. Wer findet die meisten treffenden Aussagen?

Тури́сты	отдыха́ть в/на фотографи́ровать гуля́ть по говори́ть с/о стоя́ть у сиде́ть на/в слу́шать	симпати́чные знамени́тые ма́ленькие ста́рые смешны́е краси́вые истори́ческие интере́сные больши́е	па́рки ги́ды ба́шни кафе́ па́мятники у́лицы дома́ скаме́йки музыка́нты

S 28 Ви́део о Ту́ле

1 Серёжа с однокла́ссниками в шко́ле. Они́ реши́ли уча́ствовать в ко́нкурсе и сего́дня хотя́т снять ви́део о Ту́ле.

На́стя: Ну, куда́ мы идём? Дава́йте, в Кремль.

Серёжа: Сейча́с ещё ра́но. Там сего́дня в 6 часо́в шо́у-програ́мма «Штурм кре́пости» в истори́ческих костю́мах. Э́то мы должны́ обяза́тельно снять.

На́стя: Да, э́то кла́ссно! То́лько сте́ны, ба́шни и собо́ры – э́то ску́чно.

Пе́тя: Тогда́ идём в центр к Бе́лому до́му.

На́стя: Дава́йте!

S 29 **2** Че́рез три часа́. Ребя́та сидя́т в па́рке.

Пе́тя: Каки́х достопримеча́тельностей у нас ещё нет? Так, Бе́лый дом есть, музе́и с интере́сными экспона́тами есть, самова́ры и да́же гига́нтский пря́ник!

На́стя: Но мы то́же хоте́ли снять люби́мые места́!

Серёжа: Я хочу́ снять скаме́йку в па́рке, спортплоща́дку и кафе́-моро́женое «Ми́стер Айс». Вы там должны́ обяза́тельно попро́бовать моро́женое.

Пе́тя: А мне нра́вятся по́чта и вокза́л. А ещё мы должны́ снять кни́жный магази́н и суперма́ркет.

Серёжа: Ну, ты даёшь – магази́ны!

На́стя: Кла́ссная иде́я! Мои́ люби́мые магази́ны – парфюме́рия, бути́к и кио́ск на ры́нке. Я там ещё должна́ купи́ть ма́ме но́вый журна́л. А каки́е у тебя́ люби́мые магази́ны, Серёжа?

Серёжа: Магази́н «Спорттова́ры» и магази́н с компью́терными и́грами … Ой, у нас ещё нет «Экзота́риума»! Я же до́лжен сфотографи́ровать крокоди́ла!

1 К те́ксту

а) Что пра́вильно, а что непра́вильно?
В Кремле́ ребя́там интере́сно, потому́ что там …
1. прекра́сные сте́ны, ба́шни и собо́ры.
2. интере́сная шо́у-програ́мма.
3. гига́нтские самова́ры.
4. в програ́мме лю́ди в истори́ческих костю́мах.
5. магази́н «Штурм кре́пости».

б) На́стя пи́шет план:
Снача́ла Бе́лый дом, пото́м …
Продо́лжите.

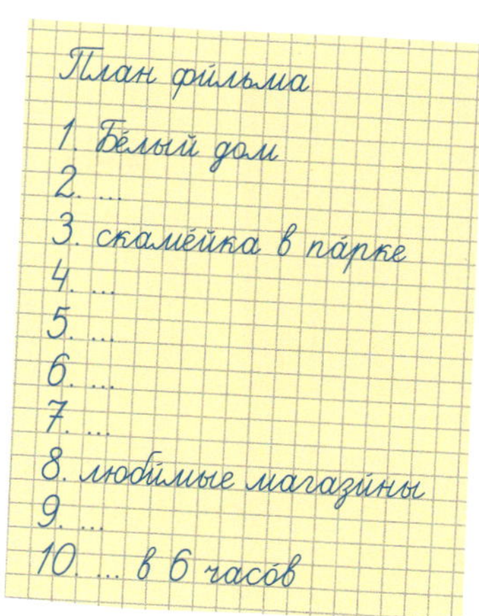

2 В го́роде и́ли в дере́вне?

а) Findet zu den genannten Oberbegriffen möglichst viele Ortsbezeichnungen.

б) **О себе́** Что есть у вас в го́роде и́ли в дере́вне? А чего́ нет?
У нас в го́роде есть стадио́н. Но нет мо́ря.
У нас в дере́вне …

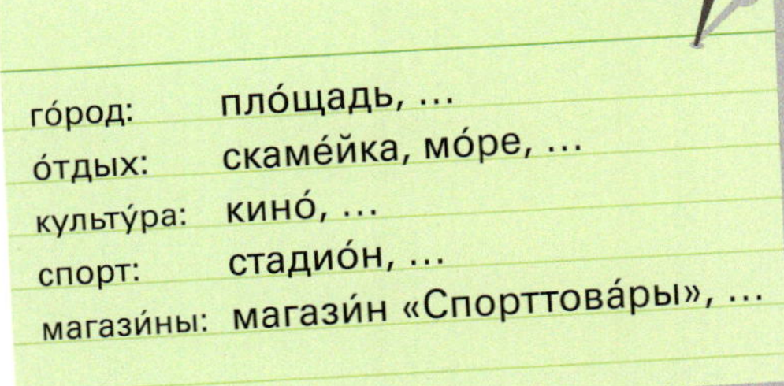

3 Что э́то? 5

а) Dir fehlt ein russisches Wort? Kein Problem, du kannst es umschreiben oder erklären.
Прочита́йте предложе́ния. Найди́те слова́.
1. Там мо́жно посмотре́ть интере́сные экспона́ты. Э́то …
2. Там рабо́тает мэр.
3. Там мо́жно жить во вре́мя кани́кул.
4. Э́та кре́пость есть в Москве́ и в Ту́ле.
5. Там мо́жно купи́ть скейтбо́рды.
6. Там мно́го поездо́в.
7. На ней мо́жно сиде́ть с подру́гой/с дру́гом.

б) Findet Umschreibungen oder Definitionen für folgende Wörter.
1. кино́ 2. бути́к 3. стадио́н
4. бассе́йн 5. суперма́ркет
6. кни́жный магази́н

в) Schreibt russische Substantive auf Kärtchen und legt sie verdeckt auf einen Stapel. Zieht abwechselnd ein Kärtchen und erklärt eurem Partner den darauf stehenden Begriff. Der Partner findet das Wort.

4 Кто э́то?

1

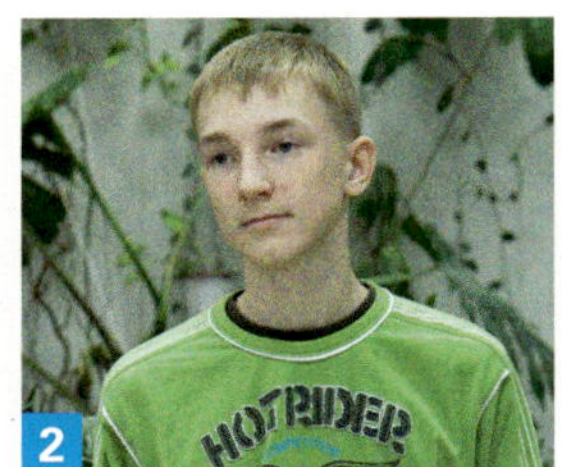
2

3

4

а) Stellt die einzelnen Personen mithilfe der Vorgaben vor.

Он/Она́
лю́бит
интересу́ется
хо́чет снять/
сфотографи́ровать/
попро́бовать

кни́жный магази́н
вокза́л
истори́ческие у́лицы
гига́нтский пря́ник
магази́н «Спорттова́ры»
моро́женое/парфюме́рия

скаме́йка в па́рке/Экзота́риум
компью́терные и́гры
кио́ск на ры́нке/суперма́ркет
шо́у-програ́мма
иностра́нные тури́сты
прекра́сные ба́шни

Кремль
по́чта
бути́к
крокоди́л

б) Du stellst eine der Personen aus a) vor, ohne ihren Namen zu nennen. Dein Partner errät, um wen es sich handelt. Wechselt euch ab.

5 Люби́мые места́

а) **О себе́** Перепиши́те табли́цу. Stellt eure Lieblingsplätze in der Gruppe vor und begründet, warum ihr sie mögt. Die anderen hören zu und vervollständigen die Tabelle.

Моё люби́мое ме́сто – Экзота́риум, потому́ что там крокоди́лы.

и́мя	люби́мое ме́сто	почему́?

б) **Прое́кт – плака́т:** Люби́мые места́. Erstellt mit euren Ergebnissen aus a) ein Plakat mit den beliebtesten Plätzen eurer Klasse. Jede Gruppe gestaltet einen Lieblingsplatz mit Fotos, Bildern und einem kleinen Text.

6 По следа́м … § 13 6

1. Каки́е интере́сные места́ есть в го́роде?
2. По каки́м у́лицам мо́жно гуля́ть?
3. В каки́х магази́нах мо́жно купи́ть сувени́ры?
4. До каки́х интере́сных мест недалеко́?
5. Каки́ми магази́нами интересу́ется Серёжа?
6. Каки́е интере́сные экспона́ты мо́жно посмотре́ть в музе́ях?
7. Каки́х музыка́нтов мо́жно слу́шать?

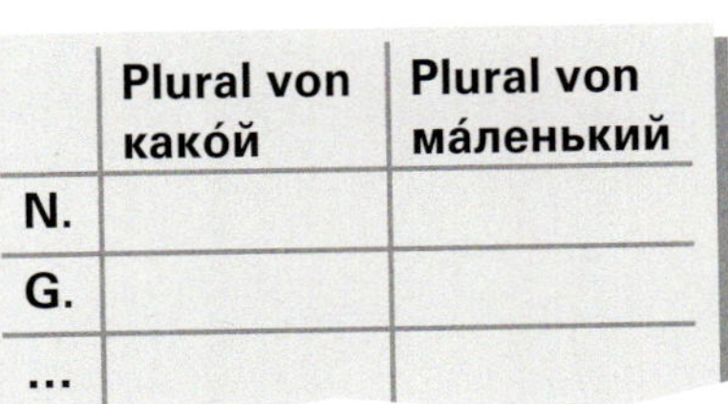

	Plural von како́й	Plural von ма́ленький
N.		
G.		
…		

а) Перепиши́те табли́цу. Bestimmt mithilfe der Sätze den Kasus der Pluralformen von како́й und schreibt diese Formen in die Tabelle.
Tipp: Die Präpositionen und die Endungen der Substantive helfen euch.

б) Notiert die Pluralformen von ма́ленький und vergleicht sie mit denen von како́й.

7 Ру́сские ученики́ в Герма́нии 7

а) Допо́лните вопро́сы ру́сских ученико́в.
1. В как■ ко́нкурсах вы уча́ствуете?
2. В как■ музе́и вы лю́бите ходи́ть?
3. С как■ пра́здниками вы поздравля́ете учи́тельницу?
4. О как■ люби́мых места́х вы хоти́те рассказа́ть?
5. Как■ языка́ми вы интересу́етесь?
6. По как■ у́лицам вы лю́бите гуля́ть?
7. На как■ у́лицах го́рода мно́го кафе́?

б) Отве́тьте на вопро́сы ру́сских ученико́в.

8 Экзота́риум в Ту́ле

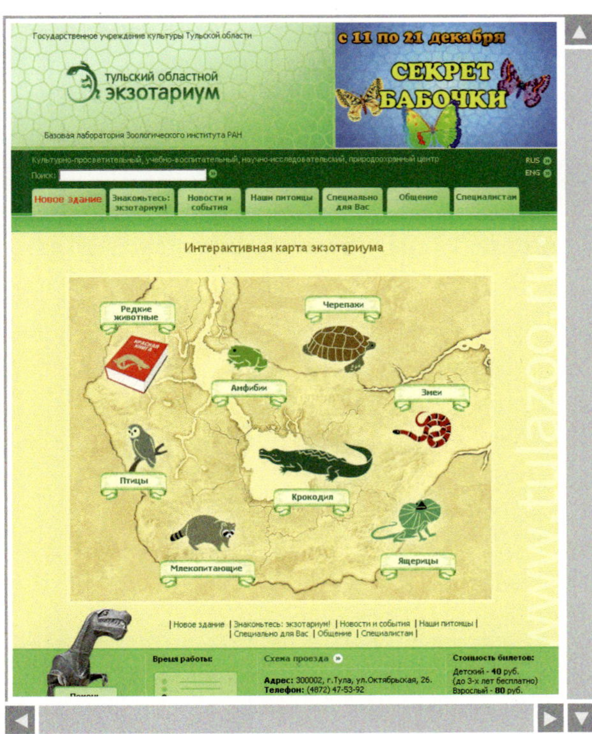

Informiert euch im Internet über das Exotarium.

Findet heraus,
- was das Besondere an diesem Zoo ist.
- welche Tierarten dort zu finden sind.
- wie die Öffnungszeiten sind.
- was eine Eintrittskarte für euch kosten würde.

9 По следа́м … § 14

а) Findet in Text A die fünf Formen von „müssen/sollen“ und schreibt sie mit dem dazugehörigen Subjekt auf. Vergleicht ihre Formen mit dem Genus und Numerus des Subjekts. Welche Besonderheiten stellt ihr fest, wenn ihr diese Formen mit der herkömmlichen Konjugation russischer Verben vergleicht? Was müsst ihr bei der Singular- und Pluralkonjugation beachten?

б) Перепиши́те и допо́лните табли́цу. Nutzt eure Erkenntnisse aus a).

в) Schaut euch die Beispiele aus dem Text noch einmal an. In welcher Form steht das Verb nach до́лжен/должна́ usw.?

Singular		Plural	
я	■ / ■	мы	■
ты	■ / ■	вы	■
он	■	они́	■
она́	■		
оно́	должно́		

10 Что они́ должны́ де́лать? 8

а) Игра́ ⚃ ⚄. Überlegt, welche Tätigkeiten für Videoaufnahmen notwendig sind. Schreibt diese auf kleine Zettel. Ermittelt mit Hilfe des Würfels die Person(en). Соста́вьте предложе́ния.

» 3 + сфотографи́ровать Кремль: – На́стя должна́ сфотографи́ровать Кремль.

⚀	⚁	⚂	⚃	⚄	⚅
я	ты	На́стя	дире́ктор	мы	На́стя, Пе́тя и Серёжа

б) **О себе́** Что я до́лжен/должна́ де́лать?
Schreibt drei häusliche und/oder schulische Pflichtaufgaben auf. Tauscht euch mit eurem Banknachbarn aus.

11 Когда́?

Ребя́та должны́ гото́вить презента́цию ви́део-портре́та о Ту́ле, но они́ ещё не зна́ют, когда́.

L 10 **а)** Перепиши́те табли́цу и послу́шайте текст.
Notiert, wer wann kann (+) bzw. nicht kann (–).

	сего́дня	за́втра	в четве́рг	Что они́ должны́ де́лать?
На́стя				
Серёжа				
Пе́тя				

б) Welche Wochentage sind hier mit «сего́дня» und «за́втра» gemeint?

в) Послу́шайте текст ещё раз. Скажи́те, что На́стя, Серёжа и Пе́тя должны́ сде́лать сего́дня, за́втра, в четве́рг.

12 Где располо́жен го́род …? 9

а) Найди́те на ка́рте в нача́ле (am Anfang) учéбника города́: Краснода́р, Смолéнск, Му́рманск и Владивосто́к. Како́й го́род располо́жен на ю́ге/на сéвере/на за́паде/на восто́ке Росси́и?

б) Sucht euch auf der Karte eine Stadt aus. Euer Partner errät sie durch Fragen. Wechselt euch ab.
Го́род располо́жен на …? Он недалеко́ от …?

13 О го́роде, где я живу́

Го́род Ту́ла располо́жен на ю́ге от Москвы́, он располо́жен на рекé Упé.

Вади́м Окса́на И́нна

а) Что говоря́т Вади́м, Окса́на и И́нна?
Findet heraus, woher die drei Jugendlichen stammen und an welchem Fluss ihre Stadt liegt. Beschreibt nach dem Muster von Серёжа die Lage ihrer Heimatstadt.

б) **О себé** Где располо́жен твой родно́й го́род/располо́жена твоя́ родна́я дерéвня? Beschreibt die Lage so genau wie möglich.

14 По-ру́сски

а) Ein russischer Schüler aus Tula ist bei euren Nachbarn zu Besuch. Ihr wollt wissen,
- wo die Stadt in Russland liegt.
- ob die Stadt an einem Fluss liegt, und wenn ja, an welchem.
- welche interessanten Sehenswürdigkeiten es dort gibt.
- was die Lieblingsplätze der Jugendlichen in dieser Stadt sind.

б) Übernehmt die Rolle des russischen Schülers. Отвéтьте на вопро́сы.

Пе́ред чте́нием
Lest die Überschrift des Textes und schaut die Bilder an.
Überlegt, was für eine Überraschung hier gemeint sein könnte.

S 30 Ко́нкурс с сюрпри́зом

1 Сего́дня в а́ктовом за́ле шко́лы ко́нкурс «Мо́й родно́й го́род». Серёжа, На́стя и Пе́тя о́чень волну́ются, потому́ что в жюри́ дире́ктор и спо́нсоры. А вот и их презента́ция.

Дире́ктор: …Так, жела́ем и э́тим ученика́м успе́ха!

На́стя: Большо́е спаси́бо. Мы то́же о́чень ра́ды, что мы мо́жем уча́ствовать в э́том ко́нкурсе.

Пе́тя: Мы сня́ли фильм о Ту́ле. Э́тот фильм пока́зывает достопримеча́тельности и интере́сные райо́ны го́рода. Э́ти места́ лю́бят посеща́ть тури́сты.

Серёжа: Коне́чно, мы не могли́ снять всё. Но мы сня́ли места́, где мы лю́бим встреча́ться и проводи́ть вре́мя. Приглаша́ем вас на фильм «Ту́ла, Ту́ла, мы лю́бим тебя́!»

S 31 **2** Идёт фильм …
Вот Серёжа у самова́ра, а Пе́тя у гига́нтского пря́ника в музе́е. Пото́м Пе́тя на по́чте, а Серёжа в Экзота́риуме, где он сфотографи́ровал крокоди́ла. А вот и На́стя на ры́нке у кио́ска. И наконе́ц, Кре́мль с тури́стами и истори́ческой шóу-програ́ммой. Вдруг дире́ктор говори́т: «Стоп-стоп! Покажи́те э́ту сце́ну ещё раз! Вы ви́дите э́того мужчи́ну в кори́чневом костю́ме? Ведь это вор!» Ребя́та пока́зывают сце́ну в Кремле́ ещё раз. И действи́тельно, во вре́мя шóу-програ́ммы На́стя сняла́ во́ра.

S 32 **3** Так ребя́та сня́ли ви́део о Ту́ле и детекти́в. Э́того во́ра мили́ция до́лго не могла́ найти́. Ребя́та получи́ли гла́вный приз ко́нкурса за э́тот оригина́льный прое́кт и тепе́рь они́ мо́гут пое́хать в декабре́ в го́род Ню́рнберг.

1 К те́ксту ▯ 10

а) Ordnet die Untertitel den Bildern zu. Ordnet sie nach der richtigen Reihenfolge des Textes.

Вор в Кремле́ | Жюри́ в а́ктовом за́ле | Люби́мые места́ ребя́т | Гла́вный приз ко́нкурса

1

2

3

4

б) Продо́лжите: Э́то ко́нкурс с сюрпри́зом, потому́ что …

в) Журнали́ст написа́л в газе́те о ко́нкурсе.
Wie geht dieser Artikel weiter?
Findet eine passende Fortsetzung.

> Вчера́ на ко́нкурсе «Мой родно́й го́род» пе́рвый приз получи́л фильм «Ту́ла, Ту́ла, мы лю́бим тебя́!». В э́том фи́льме ребя́та сня́ли …

2 Мы пошли́ и нашли́ ▯ 11

Die Jugendlichen haben während der Filmaufnahmen viel entdeckt. Entschlüsselt die Sätze.

= Präteritum von пойти́ = Präteritum von найти́

1. Серёжа в и .
2. На́стя в и .
3. Пе́тя в и .
4. На́стя на и .
5. Серёжа, На́стя и Пе́тя в и .

Merke: Das Präteritum von идти́ ist ganz einfach шёл, шла, шли. Пошёл, пошла́, пошли́ gehören zu пойти́, und нашёл, нашла́, нашли́ natürlich zu найти́!

3 По следа́м … § 15 ▯ 12

а) Перепиши́те табли́цу. Tragt die euch bekannten Formen э́тот von ein. Ergänzt die fehlenden Formen aus dem Text.

б) Welche Gemeinsamkeiten und Unterschiede im Vergleich zur Deklination der Adjektive könnt ihr feststellen?

	Singular			Plural
	m.	n.	f.	m./n./f.
N.	■	■	■	э́ти
G.	■	■	■	э́тих
D.	э́тому	э́тому	э́той	■
A.	■/■	э́то	■	■/э́тих
I.	э́тим	э́тим	э́той	э́тими
P.	■	■	■	э́тих

S 33 ◎

4 Зву́ки

Послу́шайте и повтори́те. Achtet auf die unterschiedliche Aussprache des **э**.

1. **э́тот тури́ст – э́ти тури́сты**
2. **в э́том музе́е – в э́тих музе́ях**
3. **с э́той шко́лой – с э́тими шко́лами**
4. **э́тот вокза́л – э́ти вокза́лы**
5. **э́та програ́мма – об э́тих програ́ммах**
6. **на э́том ви́део – на э́тих ви́део**

5 Экску́рсия по го́роду

а) Вста́вьте «э́тот» в ну́жной фо́рме.
Schreibt die unterstrichenen Wortgruppen in euer Heft.

Гид: Сейча́с мы нахо́димся в це́нтре го́рода. Сего́дня на у́лицах мно́го людей. Осо́бенно тури́сты лю́бят гуля́ть по ■ истори́ческим у́лицам. А ■ краси́вый дом спра́ва – ра́туша.

Тури́ст: Скажи́те, пожа́луйста, что нахо́дится в ■ дома́х сле́ва от нас?

Гид: В ■ до́ме нахо́дится истори́ческий музе́й го́рода, а в ■ – библиоте́ка. А э́то гла́вная у́лица го́рода. В конце́ ■ у́лицы вы ви́дите два па́мятника.

Тури́ст: Ой, каки́е они́ оригина́льные! Я обяза́тельно должна́ сфотографи́ровать подру́гу у ■ па́мятников!

Тури́ст: А ско́лько лет ■ па́мятникам?

Гид: Им 10 лет.

L 11 **б)** Послу́шайте текст. Überprüft eure Aufzeichnungen aus а).

в) Экску́рсия с ги́дом – э́то ску́чно.
Welche Orte würdet ihr als Touristenführer in eurem Heimatort empfehlen?
Erstellt den Dialog nach dem Muster von а).
Benutzt dabei die Formen von э́тот.

6 По следа́м … § 16 13

а) Перепиши́те табли́цу. Findet die fehlenden Präsensformen von мочь (= können) in Text Б und ergänzt die Tabelle. Was ist das Besondere an diesem Verb im Präsens?

мочь	
я могу́	мы ■
ты мо́жешь	вы мо́жете
он(а́) мо́жет	они́ ■

б) Вста́вьте «мочь» в ну́жной фо́рме.

1. На́стя, Серёжа и Пе́тя о́чень ра́ды, что они́ ■ уча́ствовать в ко́нкурсе.
2. Сего́дня Серёжа ■ написа́ть письмо́.
3. Вы не ■ мне сказа́ть, где нахо́дится музе́й? – Коне́чно, ■. Иди́те пря́мо, а пото́м напра́во.
4. Ты ■ сфотографи́ровать э́тот знамени́тый памя́тник? – Коне́чно, ■.

в) Auch im Präteritum weist dieses Verb Besonderheiten auf. Erklärt sie mithilfe des Merkzettels.

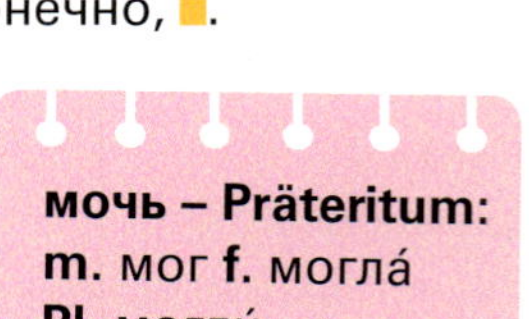

г) Что они́ вчера́ не могли́ де́лать, потому́ что они́ бы́ли на ко́нкурсе? Соста́вьте предложе́ния.

Ребя́та На́стя Серёжа Пе́тя	не	мог могла́ могли́	де́лать уро́ки, отдыха́ть в па́рке, ходи́ть по магази́нам, купа́ться в о́зере, идти́ на трениро́вку

7 Тури́сты в Ту́ле хотя́т ... 14, 15

а) Соста́вьте диало́ги.

Тури́ст: Я хочу́ сфотографи́ровать собо́ры и ба́шни.
Вы: Собо́ры и ба́шни вы мо́жете/ты мо́жешь сфотографи́ровать в Кремле́.

б) Разыгра́йте сце́нки. Denkt euch Dialoge nach dem Muster von a) für eure Heimatstadt/ euer Heimatdorf aus und spielt sie der Klasse vor.

8 Страте́гия – Fehler vermeiden

! Wenn du einen Text geschrieben hast, lies ihn mehrmals durch. Achte auf typische Fehler:

1. Haben sich deutsche Buchstaben eingeschlichen? (z. B. dt. u = russ. **у**)
2. Hast du die Buchstaben **о** und **а** nicht verwechselt? (z. B. восто́к, располо́жен, собо́р)
3. Steht das Verb in der richtigen Form? (z. B. магази́н нахо́дится/магази́ны нахо́дятся)
4. Hast du zusammengehörige Formen (Substantive und ihre Begleiter) einander angeglichen? (z. B. э́та больша́я река́/ э́ти больши́е ре́ки)
5. Hast du die korrekten Kasus verwendet? (z. B. Мы сня́ли скаме́йку в па́рке.)

Diktiert euch gegenseitig vier Sätze aus Text Б. Korrigiert eure Sätze gemeinsam und ordnet eure Fehler den fünf Fehlerquellen zu.

Lege dir nach Korrekturen (von Schreibaufgaben, Tests, Klassenarbeiten) eine Fehlertabelle an, in der du deine häufigsten Fehler vermerkst. Du kannst hier auch eigene Fehlerkategorien ergänzen. Vervollständige diese Checkliste regelmäßig und lies sie dir öfter durch, vor allem vor Klassenarbeiten.

9 Так пи́шут и говоря́т – О родно́м го́роде/родно́й дере́вне

!

So berichtest du allgemein über deinen Heimatort:

Го́род/Дере́вня располо́жен(а)/нахо́дится …
… на за́паде/восто́ке/ю́ге/се́вере/в це́нтре Герма́нии.
… в земле́ Ба́ден-Вю́ртемберг.
… на за́паде от Дре́здена.
… недалеко́ от Берли́на.
… на реке́ Э́льбе.
… на Балти́йском/Се́верном мо́ре.
… в гора́х/А́льпах/Га́рце.

Гла́вная достопримеча́тельность	– э́то …
Гла́вная пло́щадь/Гла́вная у́лица	называ́ется …
В це́нтре го́рода/дере́вни нахо́дится(-ятся)/есть	ра́туша/магази́ны …
Си́мвол го́рода/дере́вни	– э́то …

So berichtest du über dich und deinen Heimatort:

Я живу́ на у́лице/в райо́не …

Моя́ шко́ла нахо́дится на у́лице/в райо́не …

Мои́ люби́мые места́ – э́то …

Интере́сные магази́ны – э́то …

Что я люблю́ де́лать в го́роде/в дере́вне?
Люблю́ …
– гуля́ть по го́роду/по це́нтру/по па́рку
– ходи́ть в кино́/в теа́тр/в бассе́йн/в кафе́/ на конце́рт/на ры́нок/по магази́нам
– отдыха́ть в па́рке/на реке́/на о́зере/в бассе́йне
– посеща́ть музе́и/дворцы́
– занима́ться в спортклу́бе/на спортплоща́дке
– встреча́ться с друзья́ми в/на …

а) Прочита́йте назва́ния земе́ль и переведи́те их.

б) Einer nennt ein Bundesland, der andere sagt, wo es in Deutschland liegt. Wechselt euch ab.
★ Тюри́нгия.
★ Э́та земля́ нахо́дится в це́нтре Герма́нии.

в) **О себе́** Соста́вьте ма́ленький текст о родно́м го́роде/родно́й дере́вне. Die Wendungen aus dem Kasten oben helfen euch.

г) Führt mit eurem Partner eine Fehlerkorrektur der Texte durch:
– Tauscht eure Texte aus.
– Jeder markiert im Text des anderen die Fehler.
– Gebt die Texte zurück.
– Ordnet nun eure Fehler den Fehlertypen zu. Benutzt dafür den Kasten aus Übung 8.
– Korrigiert eure Texte und illustriert sie mit passenden Fotos/Bildern. Legt sie dann in eurem Portfolio-Ordner ab.

Бава́рия
Ба́ден-Вю́ртемберг
Берли́н
Бра́нденбург
Бре́мен
Га́мбург
Ге́ссен
Ме́кленбург-Пере́дняя Помера́ния
Ни́жняя Саксо́ния
Ре́йнланд-Пфальц
Саа́р
Саксо́ния
Саксо́ния-А́нгальт
Се́верный Рейн-Вестфа́лия
Тюри́нгия
Шле́звиг-Гольште́йн

34 Ива́н Ива́ныч[1] Самова́р

Ива́н Ива́ныч Самова́р
Был пуза́тый[2] самова́р,
Трёхведро́вый[3] самова́р. […]

У́тром ра́но подошёл[4],
К самова́ру подошёл,
Дя́дя[5] Пе́тя подошёл.
Дя́дя Пе́тя говори́т:
«Да́й-ка вы́пью[6], – говори́т, –
Вы́пью ча́ю», – говори́т.

К самова́ру подошла́,
Тётя[7] Ка́тя подошла́,
Со стака́ном[8] подошла́.
Тётя Ка́тя говори́т:
«Я, коне́чно, – говори́т, –
Вы́пью то́же», – говори́т.

[По́сле тёти Ка́ти подхо́дят[9]
к самова́ру де́душка,
ба́бушка, вну́чка[10], соба́ка,
ко́шка и, наконе́ц, Серёжа:]

«Подава́йте![11] – говори́т, –
Ча́шку[12] ча́я, – говори́т, –
Мне побо́льше[13]», – говори́т.

Наклоня́ли[14], наклоня́ли,
Наклоня́ли самова́р,
Но отту́да[15] выбива́лся[16]
То́лько пар[17], пар, пар.
[…] то́лько кап, кап, кап.

Даниил Хармс

а) Како́й ко́микс подхо́дит к те́ксту?

1

2

3

б) Кто говори́т … ?
1. «Подава́йте ча́шку ча́я!»
2. «Да́й-ка вы́пью!»
3. «Я, коне́чно, вы́пью то́же.»

в) О Серёже.
1. Для него́ есть чай?
2. Почему́ э́то так?

г) О самова́ре Ива́не Ива́ныче. Diskutiert,
– warum der Samowar einen Vor- und einen Vatersnamen hat.
– warum die Familienmitglieder mit dem Samowar sprechen.
– welche Rolle der Samowar in dieser russischen Familie spielt.

д) Мы пи́шем стихи́. Denkt euch eine Strophe für ein weiteres Familienmitglied aus. Ihr könnt die Strophe so aufbauen wie die, in der Onkel Petja und Tante Katja vorkommen. Schreibt sechs Zeilen. Reimt die ersten drei Zeilen (je nach Geschlecht des Familienmitglieds) auf подошёл bzw. подошла́. Die anderen drei Zeilen können auf говори́т enden.

---

1 **Ива́ныч** Kurzform für Ива́нович – 2 **пуза́тый** bauchig – 3 **трёхведро́вый** drei Eimer fassend – 4 **подошёл** kam heran – 5 **дя́дя** Onkel – 6 **Да́й-ка вы́пью.** *hier:* Gib her. Ich werde jetzt trinken. – 7 **тётя** Tante – 8 **стака́н** Glas – 9 **подхо́дят** kommen heran – 10 **вну́чка** Enkelin – 11 **Подава́йте!** Gebt mir! – 12 **ча́шка** Tasse – 13 **побо́льше** etwas mehr – 14 **наклоня́ть** neigen – 15 **отту́да** von dort, *hier:* aus ihm – 16 **выбива́ться** *hier:* herauskommen – 17 **пар** Dampf

Вечери́нка у Ле́ны

супермáркет А

Б киóск

ры́нок В

Г круглосу́точный магази́н/24 часа́

1. Здесь мо́жно купи́ть ко́фе и чай.
2. Здесь мо́жно де́лать поку́пки да́же но́чью.
3. У нас сего́дня супера́кция!! 5 йо́гуртов за 60 рубле́й и апельси́новый сок в пода́рок!!
4. Здесь мо́жно купи́ть апельси́ны, бана́ны и карто́шку.

а) Прочита́йте предложе́ния. Каки́е слова́ вы уже́ понима́ете?
б) Посмотри́те на фо́то. Како́е предложе́ние подхо́дит к како́й фотогра́фии?
в) Посмотри́те ещё раз на фо́то. Како́го магази́на нет у вас в го́роде? А каки́е у вас есть?
г) Где вы обы́чно де́лаете поку́пки?
д) Welche Einkaufsmöglichkeiten kennt ihr noch? Denkt auch an andere Länder.

38 На ры́нок и́ли в магази́н?

Роди́тели Ле́ны летя́т на два дня в Санкт-Петербу́рг. Поэ́тому Ле́на хо́чет пригласи́ть друзе́й на шашлыки́. В суббо́ту у́тром ребя́та хотя́т купи́ть проду́кты на ве́чер.

Ира: Слу́шайте, ребя́та. Куда́ снача́ла? На ры́нок и́ли в магази́н?
Ле́на: Дава́йте так. Вы, ма́льчики, иди́те в магази́н. Купи́те мя́со, лимона́д и во́ду.
Ира: Но, Ви́тя, спроси́, ско́лько мя́со сто́ит.
Ви́тя: Хорошо́. Де́вочки, а что вы де́лаете? Отдыха́ете?
Ле́на: Мы идём на ры́нок.
Макс: Купи́те о́вощи. И мне ещё бана́ны!

1 По следа́м … § 17

а) Erklärt anhand folgender Formeln die Bildung des Imperativs (Befehlsform). Tipp: Schaut euch den Buchstaben vor der durchgestrichenen Endung an und beachtet im unteren Teil des Merkzettels die Betonung der 1. Person Singular. Übersetzt die Imperative ins Deutsche. Achtung: Die Pluralform dient auch als höfliche Anrede „Sie".

(они́) рабо́та~~ют~~ + й = рабо́тай!
(они́) рабо́та~~ют~~ + й + те = рабо́тайте!

(они́) говор~~ят~~ + и = говори́!
(они́) говор~~ят~~ + и + те = говори́те!
(они́) гото́в~~ят~~ + ь = гото́вь!
(они́) гото́в~~ят~~ + ь + те = гото́вьте!

б) Nennt zu den Imperativen die jeweils fehlende Form.

смотри́те | звони́ | иди́те | слу́шайте | пиши́ | игра́й

2 Хорошо́, игра́й! 1, 2

а) Что говоря́т роди́тели Ле́ны? Соста́вьте диало́ги.
Ле́на: Я хочу́ игра́ть на пиани́но.
Роди́тели: Хорошо́, игра́й.

1. идти́ в магази́н
2. слу́шать CD
3. смотре́ть телеви́зор
4. игра́ть на компью́тере

б) Ein Schüler ist Spielleiter. Er sagt im Imperativ Plural, was alle in der Klasse mimisch darstellen sollen. Verwendet er die Singularform, bleiben alle wie eingefroren stehen. Wer sich weiter bewegt, ist der neue Spielleiter.

слу́шать му́зыку | де́лать заря́дку | гото́вить обе́д | звони́ть друзья́м
отдыха́ть на мо́ре | говори́ть с сосе́дом | смотре́ть телеви́зор | идти́ пря́мо

Поку́пки

S 39 **1**

Макс: Покажи́те, пожа́луйста, мя́со для шашлыка́.
Продавщи́ца: Возьми́те уже́ гото́вый шашлы́к. Он о́чень вку́сный.
Ви́тя: А ско́лько он сто́ит?
Продавщи́ца: 124 рубля́ за полкило́.
Макс: Нет! Э́то сли́шком до́рого. У вас есть ку́рица?
Продавщи́ца: Коне́чно. Она́ дёшево сто́ит, 93 рубля́ за килогра́мм.
Макс: Ла́дно, возьму́ 2 килогра́мма. Ой, у меня́ то́лько 70 рубле́й. Ви́тя, у тебя́ есть де́ньги?
Ви́тя: Блин, 186 рубле́й! А у меня́ то́лько 80.
Продавщи́ца: Тогда́ купи́те соси́ски.
Макс: Почему́ нет? Соси́ски с горчи́цей – э́то то́же о́чень вку́сно.

S 40 **2**

Ле́на: Нам на́до купи́ть лук, помидо́ры и огурцы́ для шашлыка́. И́ра, что …
Продавщи́ца: Де́вочки, покупа́йте помидо́ры! Они́ дёшево сто́ят. Килогра́мм за 71 рубль.
И́ра: Да́йте нам килогра́мм помидо́ров, килогра́мм лу́ка и огурцо́в.
Ле́на: Ты что!? Почему́ так мно́го лу́ка и так ма́ло помидо́ров? Да́йте нам, пожа́луйста, 2 килогра́мма помидо́ров, полкило́ лу́ка и не́сколько огурцо́в.
Продавщи́ца: А ско́лько огурцо́в – 4?
Ле́на: Да, спаси́бо.
Продавщи́ца: Что ещё?
И́ра: А ско́лько сто́ит виногра́д?
Продавщи́ца: 80 рубле́й за килогра́мм.
И́ра: Ле́на, возьмём килогра́мм?
Ле́на: Нет, до́рого. *(к продавщи́це)* Да́йте нам килогра́мм бана́нов.

Иду́т Макс и Ви́тя. Они́ расска́зывают де́вочкам, что они́ купи́ли соси́ски и горчи́цу …

1 К те́ксту ▯3

а) Findet eine interessantere Überschrift für Text A.

б) Nur zwei der folgenden Resümees fassen den Inhalt von Text A zutreffend zusammen. Welche sind das? Begründet eure Entscheidung.

А Ма́льчики в магази́не хотя́т купи́ть мя́со на шашлы́к, но у них то́лько 150 рубле́й. Поэ́тому они́ покупа́ют дешёвые соси́ски.

Б Де́вочки на ры́нке. Они́ покупа́ют о́вощи и бана́ны. А виногра́д они́ не покупа́ют.

В Де́вочки на ры́нке. Они́ покупа́ют помидо́ры, лук и огурцы́. Пото́м они́ покупа́ют виногра́д, потому́ что он вку́сный.

Г Ребя́та на ры́нке. Ма́льчики хотя́т купи́ть мя́со на шашлы́к, но у них то́лько 150 рубле́й. Поэ́тому они́ иду́т к де́вочкам.

2 Страте́гия – Wortfamilien

! Russische Wörter haben viele Verwandte. Kennt man einen aus der Familie, kommen einem die anderen Verwandten gleich bekannt vor. Ihr merkt euch neue Wörter leichter, wenn ihr sie in Wortfamilien lernt.

Sucht zu folgenden Wörtern mindestens ein „Familienmitglied".

журна́л апельси́н учи́ть фотографи́ровать приглаша́ть

3 По следа́м … § 18

S 41 а) Schreibt Mischkas Zahlen ab. Послу́шайте CD. Setzt die Betonungszeichen und lest die Zahlwörter vor.

L 12 б) Послу́шайте CD. Что пра́вильно?

1. **А** 71 **Б** 17 **В** 77
2. **А** 96 **Б** 69 **В** 19
3. **А** 121 **Б** 101 **В** 21
4. **А** 68 **Б** 88 **В** 98

в) Addiert die Lösungszahlen aus б). Welche Lebensmittel aus Text A könnt ihr für diese Summe kaufen?

4 Рекла́ма, рекла́ма …  4

L 13 а) Перепиши́те табли́цу. Послу́шайте рекла́му и напиши́те назва́ние проду́ктов.

б) Послу́шайте CD второ́й раз. Напиши́те це́ны проду́ктов.

рекла́ма	проду́кты	цена́
1		
2		

5 Сюрпри́з § 19,7

а) Прочита́йте слова́. Erklärt die Regel.
- оди́н апельси́н / два, три, четы́ре апельси́на / 5–20 апельси́нов
- одно́ яйцо́ / два, три, четы́ре яйца́ / 5–20 яиц
- одна́ ку́рица / две, три, четы́ре ку́рицы / 5–20 ку́риц

Продо́лжите.

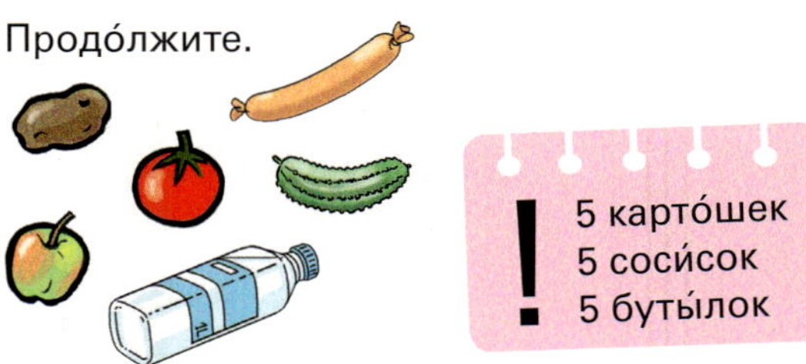

! 5 карто́шек
5 соси́сок
5 буты́лок

б) Ба́бушка Ле́ны была́ в магази́не. Что она́ купи́ла для вечери́нки Ле́ны?

6 По следа́м … § 19 5

а) Schreibt aus dem zweiten Abschnitt von Text A die russischen Bezeichnungen für das Fragewort „wie viel(e)" und die **unbestimmten** Mengenangaben „viel(e)", „wenig(e)", „einige" mit dem dazugehörigen Substantiv heraus. Bestimmt Kasus und Numerus der Substantive. Formuliert eine Regel.

б) Lest den Einkaufszettel. In welchem Kasus und Numerus stehen die Substantive nach den **bestimmten** Mengenangaben? Vergleicht mit der Regel von a).

5 буты́лок
минера́льной воды́
полкило́ виногра́да
2 килогра́мма помидо́ров
1 литр молока́
100 гра́ммов грибо́в

7 Поку́пки

а) Что покупа́ют Макс, И́ра и Ви́тя?

б) Э́то ма́ло или мно́го? Соста́вьте предложе́ния.
➤ Макс покупа́ет мно́го минера́льной воды́, …

8 По следа́м … § 20 6

а) Findet im 2. Abschnitt von Text A die Formulierung mit на́до und übersetzt sie. In welchem Fall steht die Person bei на́до?

б) Соста́вьте предложе́ния.
➤ Ле́не на́до купи́ть помидо́ры. Она́ возьмёт два килогра́мма помидо́ров.

покупа́тель	что?	ско́лько?
Ле́на	помидо́ры	2 кг
Мы	минера́льная вода́	3 буты́лки
Ты	колбаса́	полкило́
И́ра и Макс	молоко́	1 литр

9 Что купи́ть?

Die Codewörter пока́ und ма́ло können euch helfen, ohne Einkaufszettel einzukaufen.
Entschlüsselt die Codewörter ко́ла, сок und Москва́.

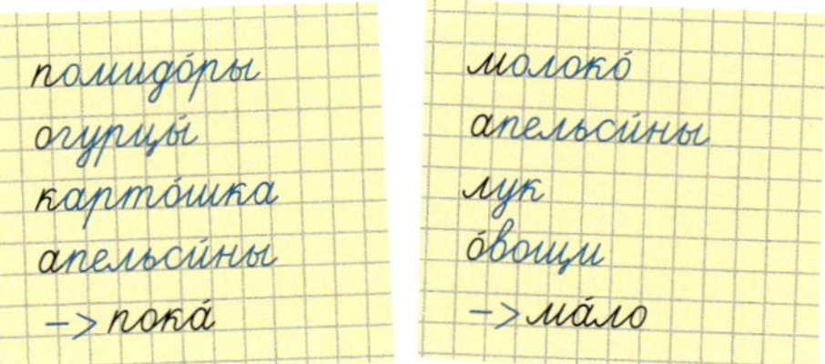

10 Так говоря́т – Поку́пки

7

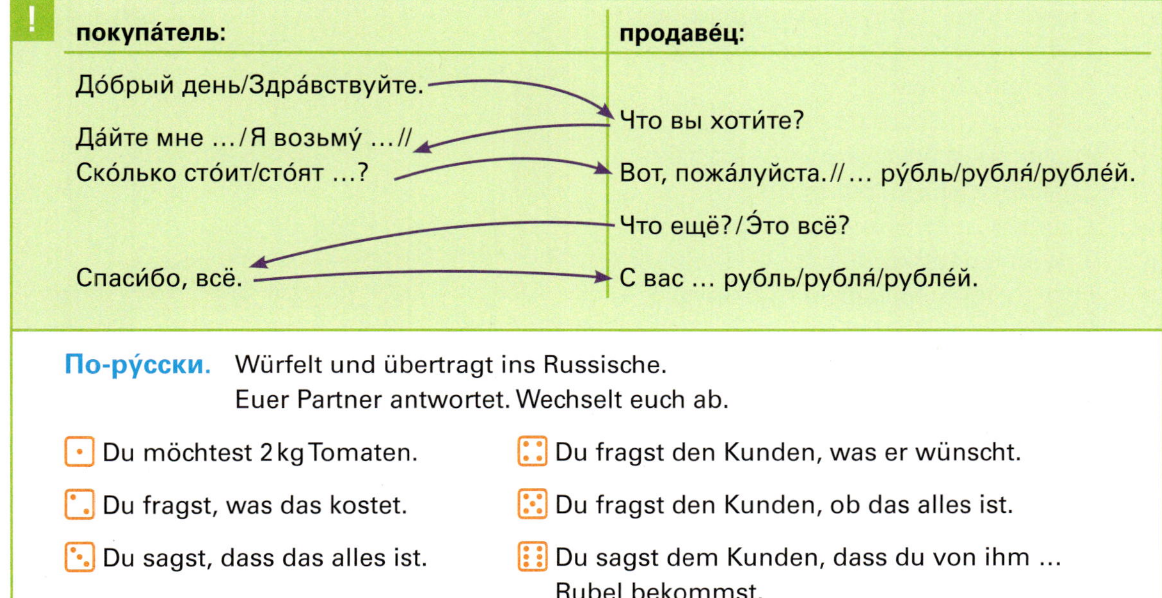

! покупа́тель:	продаве́ц:
До́брый день/Здра́вствуйте. →	Что вы хоти́те?
Да́йте мне … / Я возьму́ … // ←	
Ско́лько сто́ит/сто́ят …? →	Вот, пожа́луйста. // … ру́бль/рубля́/рубле́й.
	Что ещё? / Э́то всё?
Спаси́бо, всё. →	С вас … рубль/рубля́/рубле́й.

По-ру́сски. Würfelt und übertragt ins Russische.
Euer Partner antwortet. Wechselt euch ab.

- ⚀ Du möchtest 2 kg Tomaten.
- ⚁ Du fragst, was das kostet.
- ⚂ Du sagst, dass das alles ist.
- ⚃ Du fragst den Kunden, was er wünscht.
- ⚄ Du fragst den Kunden, ob das alles ist.
- ⚅ Du sagst dem Kunden, dass du von ihm … Rubel bekommst.

11 В магази́не

8

а) Stellt den Dialog wieder her.

б) Соста́вьте диало́ги. Setzt für die fett gedruckten Satzteile eigene Mengenangaben, Lebensmittel und Preise ein.

в) Jeder in der Partnergruppe notiert auf einen Zettel ein Lebensmittel mit einer konkreten Mengenangabe. Die Gruppen legen ihre Zettel verdeckt hin und suchen sich einen neuen Tisch. Führt dort ein Verkaufsgespräch durch. Der Käufer verwendet für seine Rolle die Zettel auf dem Tisch. Wechselt anschließend erneut den Tisch und führt das neue Gespräch mit vertauschten Rollen.

У Ле́ны до́ма

S 42 ◎ **1** В суббо́ту ве́чером. Ребя́та пе́рвый раз у Ле́ны в гостя́х. Дом шика́рный, с бассе́йном.

Ле́на: Приве́т, ребя́та! Проходи́те.
И́ра: Ой, како́й у вас краси́вый дом.
Макс: И большо́й! На́ша кварти́ра то́лько двухко́мнатная: ку́хня, гости́ная и ко́мната, где живу́ я и мой брат.
Ле́на: Хоти́те посмотре́ть наш дом?
Макс: Коне́чно, хоти́м.
Ле́на: Снача́ла хочу́ показа́ть вам на́шу столо́вую на пе́рвом этаже́. Она́ здесь. А ря́дом с ней – на́ша ку́хня.
И́ра: Извини́, а где у вас туале́т?
Ле́на: Там о́коло гардеро́ба. Че́рез коридо́р. Ну что, идём да́льше в гости́ную.
Макс: Вот э́то ко́мната!
И́ра: Како́й огро́мный дива́н. И кре́сла о́чень симпати́чные!
Ви́тя: А там на стене́, э́то твой де́тский рису́нок?
Ле́на: Где? Над ками́ном? Ты что? Э́та карти́на пода́рок моему́ па́пе. Сто́ит миллио́н.

кварти́ра Ма́кса

S 43 ◎ **2** На второ́м этаже́ Ле́на пока́зывает свои́м друзья́м большу́ю спа́льню роди́телей, ко́мнату сестры́, ва́нную и второ́й туале́т.

Ле́на: А сейча́с мы стои́м пе́ред мое́й ко́мнатой. Там всё о́чень про́сто. Крова́ть, за ней шкаф, пи́сьменный стол со сту́лом, мой но́вый компью́тер и по́лка. Ви́тя, откро́й дверь.
Ви́тя: Ой, кто э́то?
Ле́на: Э́то мой друг. Его́ зову́т …
Попуга́й: Чу́пси, Чу́пси. Я хоро́ший.
Макс: Како́й смешно́й попуга́й!
И́ра: Да, и о́чень краси́вый!
Ви́тя: Ну что, у́жин уже́ гото́в?
Ле́на: Сала́т гото́в, а соси́ски … Ребя́та, осторо́жно, закрыва́йте дверь мое́й ко́мнаты и идём в сад. *(че́рез 20 мину́т)* Ой, Чу́пси! Ты куда́?

ко́мната Ле́ны

1 К те́ксту ▯ 9

Отве́тьте на вопро́сы.

1. Что ребя́та ду́мают о до́ме Ле́ны?
2. Как вы ду́маете, где Чу́пси?

2 Кварти́ра и ме́бель ▯ 10

а) Здесь живёт Ле́на. Ordnet die Wörter den Nummern zu.

» Пе́рвый эта́ж: но́мер 1 – э́то …

дива́н · шкаф · сад · бассе́йн · ками́н · спа́льня · гости́ная · кре́сло · гардеро́б · рису́нок · компью́тер · дверь · попуга́й · туале́т · коридо́р · стена́ · по́лка · столо́вая · ко́мната Ле́ны · крова́ть · ку́хня · стул · ва́нная · пи́сьменный стол

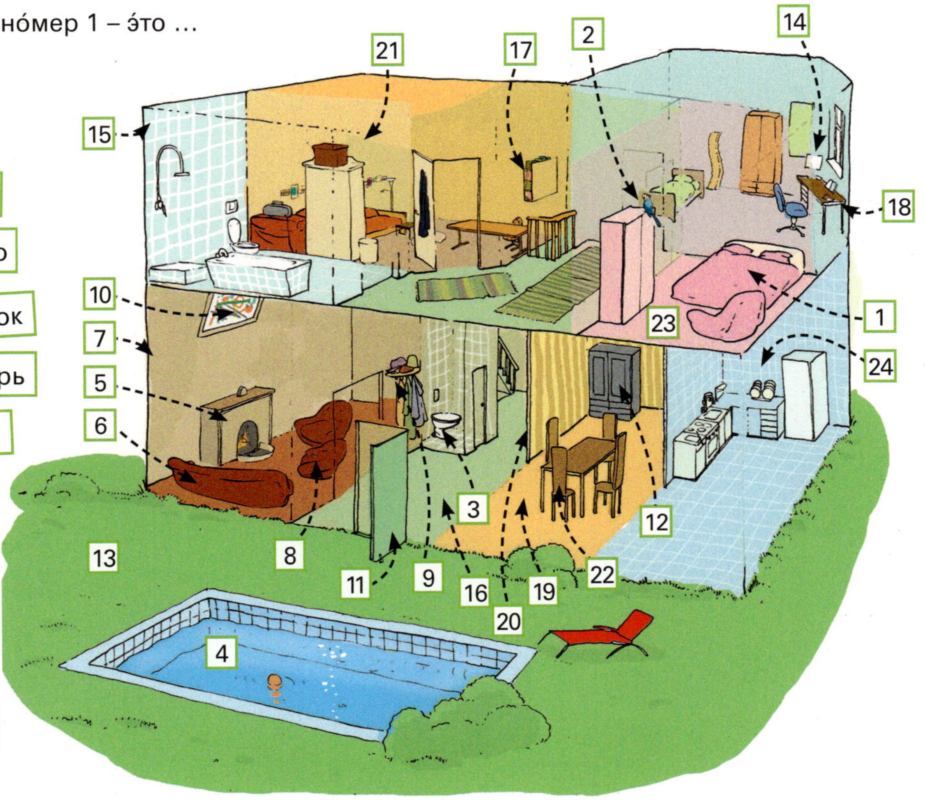

б) Перепиши́те табли́цу. Ordnet die Zimmer und Möbel aus a) in die Tabelle ein.

кварти́ра	ме́бель

3 Страте́гия – Wörter lernen mit Wortbildern ▯ 11

! Versucht Wörter zu zeichnen.
Mit solchen „Wortbildern“ merkt ihr euch das Wort leichter. Wenn ihr nicht gern zeichnet, könnt ihr auch passende Bilder ausschneiden, aufkleben und das Wort daneben schreiben.

Erstellt zu den Vokabeln aus Übung 2 a) Wortbilder, die beim Lernen helfen.

4 Что есть в кварти́ре? § 21 12–14

а) Цепо́чка Продо́лжите.
ученик 1: В кварти́ре есть гости́ная.
учени́к 2: В кварти́ре есть гости́ная и дива́н. …

б) Vergleicht die Zeichnung aus Übung 2 mit Text Б. Findet einen Unterschied.

в) Сравни́те дом Ле́ны с кварти́рой Ма́кса. Где спя́т их роди́тели?

Einige Substantive haben eine Adjektivendung und werden auch wie Adjektive dekliniert. Du kennst schon гости́ная, столо́вая, моро́женое usw.

5 Зву́ки

L 14 **а)** Legt für **п** und **б** eine Signalkarte fest. Hört zu und hebt die entsprechende Signalkarte. Послу́шайте CD ещё раз и повтори́те.

S 44 **б)** Послу́шайте и повтори́те. (→ S. 125)

Говори́т попуга́й попуга́ю,
я тебя́, попуга́й, попуга́ю.
Попуга́ю в отве́т попуга́й:
Попуга́й, попуга́й, попуга́й!

6 Стихи́

Допо́лните стихи́ «На́ша ко́мната».

На висят ,
на вися́т гарди́ны,
на полу́ лежа́т ковры́,
и всё э́то лю́бим мы.

7 По следа́м … § 22

а) Notiert alle Ortsangaben aus Text Б. Findet heraus, welcher Kasus auf die jeweilige Präposition folgt.

б) Скажи́те, где нахо́дятся му́хи.
Му́ха 1 нахо́дится под столо́м. Му́ха 2 …

в) Дава́йте игра́ть. Ihr versteckt den Papagei in Lenas Haus. Jeder notiert auf einem Zettel, in welchem Zimmer und wo in diesem Zimmer sich der Papagei befindet. Ein Schüler tritt mit verdecktem Zettel vor die Klasse und fragt: „Где попуга́й?" Die Mitschüler versuchen, das Versteck herauszufinden. Wer es errät, tritt als Nächster vor.

8 Где фле́шка? 15, 16

а) Э́то ко́мната Ма́кса и его́ бра́та. Что вы ви́дите на рису́нке?
б) Макс не мо́жет найти́ фле́шку. Как вы **ду́маете**, где она́?
15 **в)** Послу́шайте CD. Vergleicht mit euren Ergebnissen aus б).
Habt ihr den USB-Stick an der richtigen Stelle vermutet?

9 Ко́мната Ви́ти 17

а) Erschließt folgende Internationalismen:
1. музыка́льный центр 2. CD-пле́ер 3. по́стер

16 **б)** Послу́шайте CD. Напиши́те, кака́я ме́бель есть в ко́мнате Ви́ти.
в) Послу́шайте CD ещё раз. Нарису́йте (zeichnet) схе́му его́ ко́мнаты.

10 По следа́м … § 23 18

а) Перепиши́те табли́цу. Ihr lernt hier das Possessivpronomen мой „mein". Die Formen richten sich wie bei Adjektiven nach dem dazugehörigen Substantiv. Erstellt dann eine Tabelle für твой „dein". Es wird wie мой dekliniert.
б) Leitet die Formen von наш, на́ше, на́ша „unser(e)" und ваш, ва́ше, ва́ша „euer/eure" mit Mischkas Hilfe ab.

	m.	n.	f.
N.	мой	моё	моя́
G.	моего́	моего́	мое́й
D.	моему́	моему́	мое́й
A.	мой/моего́	моё	мою́
I.	мои́м	мои́м	мое́й
P.	моём	моём	мое́й

Наш und ваш werden wie мой dekliniert.
Осторо́жно!
Akkusativ f.: -у
Präpositiv m./n.: -ем

11 Игрá

Pro Fünfergruppe benötigt ihr einen Ball. Prägt euch die Satzanfänge gut ein. Einer wählt eine Person aus der Liste und wirft den Ball zu einem Partner, der daraus den ersten Satz bildet. Wer den Ball als Nächster erhält, macht mit dem zweiten Satzanfang weiter, usw.

★ наш друг Ивáн → ★ Я сижý недалекó от нáшего дрýга Ивáна.
★ Я звоню́ …

Wenn ihr alle fünf Sätze gebildet habt, beginnt die Runde von vorn mit einem neuen Namen aus der Liste.

кто
– твоя́ подрýга Óльга
– наш друг Ивáн
– вáша учи́тельница
– твой трéнер

предложéние
1. Я сижý недалекó от …
2. Я звоню́ …
3. Я ви́жу …
4. Я гуля́ю с …
5. Я дýмаю о …

12 Моя́ сестрá

19

а) Setzt bei ■ die richtige Form von мой und bei ■ die richtige Form von твой ein.

Натáша, подрýга Лéны, расскáзывает:
«У ■ сестры́ Óли слóжный харáктер. Онá óчень интересýется ■ нóвым компью́тером, и онá лю́бит ■ кóмнату, ■ одéжду и ■ космéтику. Напримéр, вчерá Óля взялá ■ космéтику и не спроси́ла меня́, мóжно и́ли нельзя́.
А сегóдня онá сказáла:
– У ■ музыкáльного цéнтра CD-плéер не рабóтает. Дай мне ■ CD-плéер.
А потóм онá ещё взялá ■ сви́тер и ■ пальтó. С ■ сестрóй всегдá проблéмы.»

б) Diskutiert auf Deutsch, weshalb Натáша sich über Óля ärgert.

в) Натáша hat noch eine Zwillingsschwester. Was sagen die beiden über Óля? Formuliert den Text um.
У **нáшей** сестры́ Óли слóжный харáктер …

13 Вáша квартúра и твоя́ кóмната

20, 21

✻ а) Нарисýйте схéму вáшей кварти́ры и схéму вáшей кóмнаты. Beschriftet die Räume und Möbel russisch. Legt die Zeichnungen im Portfolio-Ordner ab.

б) Beschreibt eurem Partner euer Zimmer oder eure Wohnung (dabei hilft euch das ли́чный словáрь auf S. 100). Dieser zeichnet dazu eine Skizze und beschreibt diese anschließend. Stimmt alles? Dann wechselt die Rollen.

Реце́пт: сала́т Оливье́

Что ну́жно[1] (на 4 по́рции)?

Что де́лать?

вари́ть 20 мину́т

вари́ть 10 мину́т

наре́зать ма́ленькими ку́биками

наре́зать ма́ленькими ку́биками

положи́ть в сала́тницу

доба́вить майоне́з

доба́вить соль и пе́рец

перемеша́ть

укра́сить петру́шкой

Прия́тного аппети́та!

а) Seht euch das Rezept an und formuliert es auf Deutsch.

б) Kauft die Zutaten ein und ordnet sie auf einem Tisch an. Schreibt jede Zutat auf ein Kärtchen. Stellt diese zu den passenden Lebensmitteln. Fotografiert den „Zutatentisch".

* **в)** Bereitet den Salat zu und fotografiert jeden Arbeitsgang. Erstellt mit den Fotos eine Dokumentation und beschriftet jeden Arbeitsgang auf Russisch. Legt die Dokumentation in eurem Portfolio-Ordner ab.

г) Fragt eure Eltern oder Verwandten nach einem typischen Kartoffelsalatrezept. Bringt die Rezepte mit und vergleicht sie mit dem russischen.

д) **Прое́кт – буфе́т:** Ladet zu einem Elternabend ein. Bereitet mit den Rezepten aus г) verschiedene Salate für ein Kartoffelsalatbuffet vor. Прия́тного аппети́та!

---

1 **Что ну́жно?** Was braucht man?

Где мы у́чимся

ГОНГ – Газе́та о на́шей гимна́зии

А

…

26-го апре́ля у нас в шко́ле – дискоте́ка. Мы вас ждём в 20:00 в а́ктовом за́ле.

Б

…

8 «А» класс: 8–13 апре́ля
На э́той неде́ле дежу́рят

число́	день неде́ли	дежу́рный
08.04.	понеде́льник	Соколо́ва, Еле́на
09.04.	вто́рник	Кротко́ва, Любо́вь
10.04.	среда́	Кузнецо́в, Макси́м
11.04.	четве́рг	Комаро́в, Илья́
12.04.	пя́тница	Ивко́, О́льга

В

…

«Москва́ и эколо́гия»
когда́: 22-го апре́ля в 17:00 (четве́рг)
где: кабине́т биоло́гии

Г

…

1-ое ме́сто на ко́нкурсе по рисова́нию го́рода Москвы́! Поздравля́ем ученико́в 10 «А» с больши́м успе́хом! ☺☺☺

а) Erklärt, worum es sich bei der Abkürzung ГОНГ handelt.

б) Прочита́йте газе́ту. Како́е загла́вие подхо́дит к како́му те́ксту?

Дежу́рство | Поздравля́ем! | Все на дискоте́ку! | Приглаша́ем на но́вый прое́кт!

Загла́вие «Дежу́рство» подхо́дит к те́ксту …

L 17 **в)** Послу́шайте диало́ги. Скажи́те, како́й диало́г подхо́дит к како́му те́ксту.

Диало́г 1 – э́то текст …

г) Welche Aushänge könnten auch in eurer Schule hängen, welche nicht?

§ 50

После́дний шанс

Макс: Ле́на, приве́т! Ой, что с тобо́й?

Ле́на: Лу́чше не спра́шивай! Я на про́шлом уро́ке опя́ть получи́ла плоху́ю оце́нку.

Макс: Что, дво́йку?!

Ле́на: Да ты что! Четвёрку по исто́рии.

Макс: И ты поэ́тому волну́ешься? Зубри́ла!

Ле́на: Ты не понима́ешь! По исто́рии я всегда́ учу́сь на пятёрки. А до ле́тних кани́кул то́лько ме́сяц …

Макс: Ну и что! У тебя́ ещё есть вре́мя. В пя́тницу у нас после́дняя контро́льная рабо́та.

Ле́на: Да, э́то мой после́дний шанс!

1 По следа́м … § 24

Ihr kennt bereits Adjektive mit hartem Stammauslaut. Die Deklination der weichen Adjektive könnt ihr mit Mischkas Code leicht ableiten.
Перепиши́те и допо́лните табли́цу.

	Singular			Plural
	m.	n.	f.	m./n./f.
N.	после́дний	после́днее	после́дняя	после́дние
G.	■	■	■	■
…				

2 Ско́ро ле́тние кани́кулы

Erschließt die folgenden Adjektive mithilfe anderer Mitglieder aus der jeweiligen Wortfamilie. Verbindet sie dann mit passenden Substantiven. Wer findet die meisten Wortgruppen?

весе́нний | зи́мний | осе́нний | дома́шний

» весе́нний день, дома́шнее зада́ние …

3 Кани́кулы в Росси́и 1–3

а) Домини́к, друг Ма́кса, живёт в Герма́нии.
Допо́лните e-mail Ма́кса.

> Домини́к, приве́т!
> У нас кани́кулы 4 ра́за в год. Есть осе́нн■ (1 неде́ля в ноябре́), зи́мн■ (2 неде́ли в конце́ декабря́) и весе́нн■ кани́кулы (1 неде́ля в ма́рте). Во вре́мя ле́тн■ кани́кул (3 ме́сяца: с ию́ня по а́вгуст) я вме́сте с друзья́ми отдыха́ю в ле́тн■ ла́гере. В зи́мн■ ла́гере, коне́чно, то́же кла́ссно, но до зи́мн■ кани́кул ещё так до́лго! А сейча́с мне на́до гото́виться к после́дн■ рефера́ту пе́ред ле́тн■ кани́кулами. ☹ А когда́ у вас кани́кулы?
> Пока́! Макс

б) Отве́тьте на e-mail Ма́кса.
в) Сравни́те кани́кулы в Росси́и и в Герма́нии.

4 Четвёрка по исто́рии

а) Findet im Text (S. 65) die Bezeichnungen für die russischen Zensuren.
Перепиши́те и допо́лните табли́цу.
б) Прочита́йте текст ещё раз.
Diskutiert die letzte Aussage von Ле́на.
Wie wird wohl Макс darauf reagieren?
в) Kennt ihr Zensurensysteme in anderen Ländern? Sucht im Internet oder macht eine Umfrage bei Lehrern anderer Fremdsprachen.
Erstellt ein Plakat über die verschiedenen Systeme.

Оце́нки в Росси́и	
5	
4	
3	тро́йка
2	
1	едини́ца

Bei uns ist die Fünf die beste und die Eins die schlechteste Zensur.

5 Так говоря́т – Где и как мы у́чимся

!

учи́ться где?

В како́й шко́ле/гимна́зии? – В шко́ле/гимна́зии № …	→ Ребя́та у́чатся в шко́ле/гимна́зии № 10.
В како́м кла́ссе? – В … кла́ссе.	→ Вы у́читесь в седьмо́м кла́ссе?

учи́ться как?

☺☺ о́чень хорошо́/☺ хорошо́/😐 норма́льно/☹ пло́хо	→ Я (обы́чно) хорошо́ учу́сь.
получа́ть/получи́ть хоро́шую/плоху́ю оце́нку по (+ Dat.)	→ Обы́чно я получа́ю хоро́шие оце́нки по исто́рии, но на про́шлом уро́ке я получи́л(а) тро́йку.

Скажи́те, где и как они́ у́чатся.

1. Ве́ра – шко́ла № 76 – 7 класс – ☺☺
2. Ва́ня – гимна́зия № 12 – 8 класс – ☹
3. Сла́ва – гимна́зия № 125 – 6 класс – ☺
4. И́ра и Ди́ма – шко́ла № 8 – 9 класс – 😐

Уро́к труда́

S 51 **1** По́сле уро́ка физкульту́ры Ле́на и Лю́ба разгова́ривают в коридо́ре.

Ле́на: Что ты бу́дешь де́лать на выходны́х?

Лю́ба: Не зна́ю, мо́жет быть, бу́ду игра́ть в те́ннис и́ли бу́ду занима́ться му́зыкой.

Ле́на: А ты не бу́дешь гото́виться к контро́льной по англи́йскому языку́? Там так мно́го грамма́тики!

Лю́ба: Да, пра́вильно! А на сле́дующей неде́ле ещё сочине́ние по литерату́ре. У́жас!

S 52 **2** Де́вочки в столо́вой ждут Ма́кса.

Макс: Приве́т, девчо́нки! Извини́те, что я опозда́л. Что у нас сего́дня на обе́д?

Лю́ба: Я ем суп, а Ле́на ест пюре́ с мя́сом.

Ле́на: Уф, ещё фи́зика, геогра́фия и домо́й!

Лю́ба: А что вы за́втра бу́дете де́лать на уро́ке труда́?

Макс: За́втра мы бу́дем де́лать скаме́йку для шко́льного двора́ и по́лку для кабине́та хи́мии. А вы?

Ле́на: Мы опя́ть бу́дем гото́вить.

Макс: Так нече́стно, вы с утра́ до ве́чера еди́те и пьёте, а мы рабо́таем.

S 53 **3** На сле́дующий день. По́сле уро́ка труда́ де́вочки иду́т к Ма́ксу.

Лю́ба: Макс, смотри́, како́й у нас для тебя́ сюрпри́з!

Макс: Сюрпри́з?! Борщ! Здо́рово! А вы не хоти́те?

Ле́на: Нет-нет, спаси́бо.

Макс: Ммм … Вку́сно! Лю́ба … а ты хо́чешь посмотре́ть на мою́ скаме́йку?

Лю́ба: Коне́чно, Макс!

1 К те́ксту

а) Соста́вьте предложе́ния. Bringt die Sätze anschließend in die richtige Reihenfolge. Die Buchstaben hinter den Sätzen verraten euch, welche Note Макс im Fach труд hat.

1. ест – обе́д – на – Лю́ба – суп (В)
2. бу́дет – неде́ле – по – сочине́ние – сле́дующей – литерату́ре – На (Т)
3. не – ещё – Лю́ба – что – зна́ет, – де́лать – она́ – выходны́х – бу́дет – на (Ч)
4. гото́вить – На – де́вочки – труда́ – бу́дут – уро́ке (Р)
5. де́лать – За́втра – скаме́йку – ма́льчики – по́лку– бу́дут – и (Ё)
6. Ма́ксу – труда́ – уро́ка – де́вочки – По́сле – к – иду́т (К)
7. ест – с – Макс – борщ – удово́льствием (А)
8. быть, – игра́ть – Лю́ба – Мо́жет – те́ннис – в – бу́дет (Е)

б) Was meint ihr, warum die beiden Mädchen den Borschtsch zu Макс bringen und ihn nicht selbst essen? Und warum möchte Макс Лю́ба „seine" Bank zeigen?

в) Das Fach труд gibt es an deutschen Gymnasien nicht. Diskutiert, welche Vor- und Nachteile ein solches Schulfach hat.

2 По следа́м … § 25

а) Hier seht ihr, wie das zusammengesetzte Futur gebildet wird. Findet mithilfe von Text A heraus, wie das Hilfsverb быть konjugiert wird. Leitet die fehlenden Formen selbst ab.

б) Findet im Text Beispiele für das zusammengesetzte Futur.

в) Schaut die Beispiele aus б) an. In welchem Aspekt steht der Infinitiv? Notiert den vollständigen Merksatz.

г) Sucht aus den Wendungen von б) das Beispiel mit der Verneinung heraus und formuliert eine Regel.

konjugiertes Hilfsverb быть
+ Infinitiv im ? Aspekt
= zusammengesetztes Futur

3 Что ты бу́дешь де́лать? 4, 5

Отве́тьте на вопро́сы.

1. Что ты бу́дешь де́лать в воскресе́нье/ в понеде́льник?
2. Что ты не бу́дешь де́лать в воскресе́нье/ в понеде́льник?

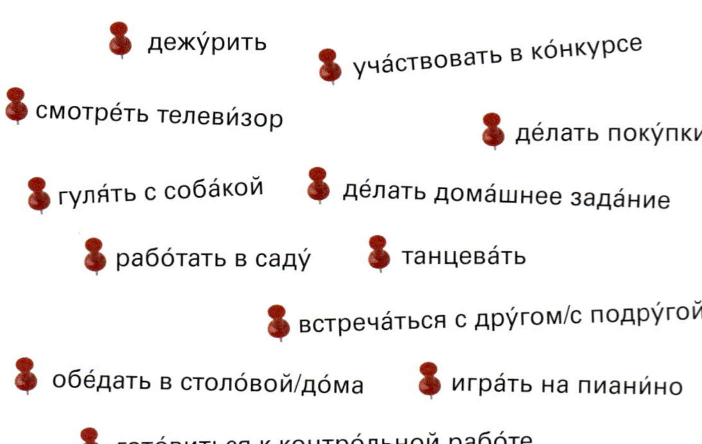

4 Страте́гия – Wortbildung

6

! Wortbildungsregeln helfen euch, von einem einzelnen Wort auf weitere Mitglieder seiner Wortfamilie zu schließen.

1. **Ableiten von Substantiven:** Fügt ihr bestimmte Suffixe an einen Verb-, Adjektiv- oder Substantivstamm an, erhaltet ihr häufig Berufs- oder Personenbezeichnungen.

m.	f.
-тель учи́ть → учи́тель	-тельница учи́ть → учи́тельница
-ист журна́л → журнали́ст	-истка журна́л → журнали́стка
-ник рабо́тать → рабо́тник	-ница рабо́тать → рабо́тница

2. **Ableiten von Adjektiven:** Die folgenden Suffixe helfen euch, von einem Substantiv das zugehörige Adjektiv abzuleiten:

-ск-ий
тури́ст → тури́стский
-н-ый/-ий
ле́то → ле́тний

Lest ein Wort laut vor. Euer Partner nennt das Wort, von dem es abgeleitet ist und übersetzt beide. Wechselt euch ab.

чита́тель | учени́ца | шко́льный | футбо́льный | осе́нний | учени́к | жи́тель | гитари́ст | чита́тельница | покупа́тельница | вече́рний

5 Расписа́ние уро́ков Ле́ны

7

а) Прочита́йте расписа́ние уро́ков.

б) Отве́тьте на вопро́сы.
1. Ско́лько у Ле́ны уро́ков в неде́лю/ в день?
2. Каки́е предме́ты у неё в понеде́льник, во вто́рник …?
3. Каки́е языки́ она́ у́чит?

в) Напиши́те ва́ше расписа́ние уро́ков. Ihr könnt dazu weitere Schulfächer aus dem ли́чный слова́рь (S. 102) verwenden.

г) Сравни́те ва́ше расписа́ние уро́ков с расписа́нием уро́ков Ле́ны.

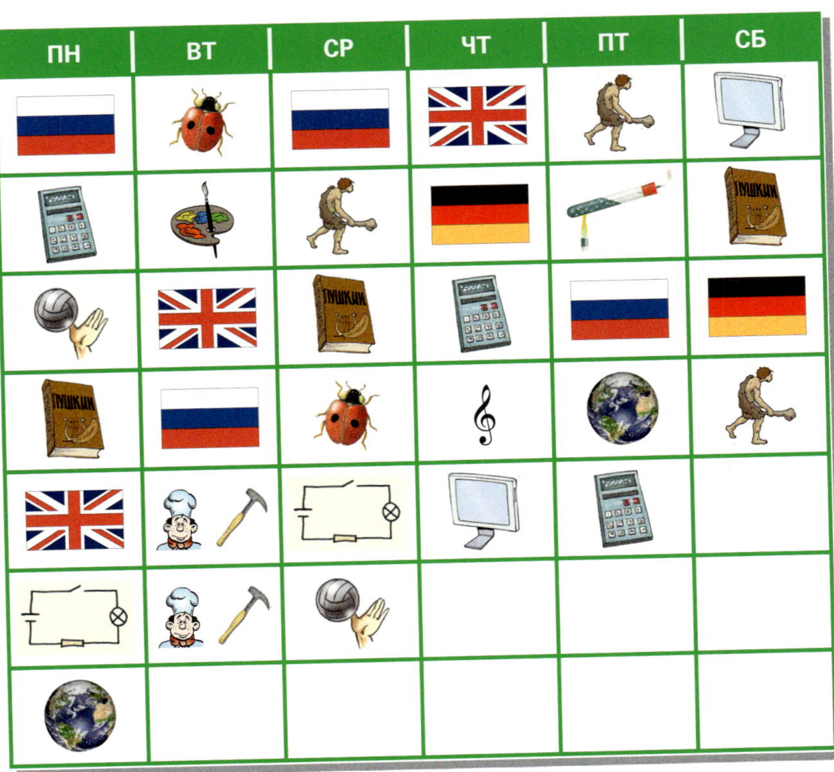

6 Когда́ начина́ются и конча́ются уро́ки? 8

L 18 **а)** Послу́шайте CD. Перепиши́те и допо́лните табли́цу.
б) Скажи́те, когда́ уро́ки начина́ются. Benutzt eure Notizen aus a).
в) In Russland dauert eine Unterrichtsstunde je nach Schule 40 oder 45 Minuten. Скажи́те, когда́ уро́ки конча́ются.
» Пе́рвый уро́к конча́ется в … час/часа́/часо́в (… мину́т) или в …
г) **О себе́** Скажи́те, когда́ у вас в шко́ле уро́ки начина́ются и конча́ются.

уро́к	начина́ется в
1	
2	

7 Шко́льные кабине́ты

In Russland hat jedes Fach einen eigenen Unterrichtsraum.
Скажи́те, каки́е кабине́ты есть в шко́ле.
» В шко́ле есть кабине́т ру́сского языка́ и литерату́ры.
Там ученики́ занима́ются ру́сским языко́м и литерату́рой.

8 Так говоря́т – Извини́(те)

So entschuldigst du dich:	So erklärst du deine Entschuldigung:	So begründest du deine Entschuldigung:
Извини́(те), пожа́луйста, …	… что я опозда́л(а) на уро́к. … что я забы́л(а) учёбник/ … … что я не сде́лал(а) дома́шнее зада́ние/не написа́л(а) рефера́т/ …	– Авто́бус опозда́л. – Он лежи́т у меня́ до́ма. – Компью́тер вчера́ не рабо́тал.

а) Ле́на entschuldigt sich. Übernehmt ihre Rolle.
» Ве́ра, извини́,/А́нна Ива́новна, извини́те, пожа́луйста, что я опозда́ла. У нас бы́ли го́сти.

1. Ири́на Андре́евна – рефера́т
2. Лю́ба – позвони́ть вчера́ ве́чером
3. А́ня – биле́т в кино́
4. Ди́ма – забы́ть журна́л
5. Анто́н Миха́йлович – проспа́ть
6. А́нна Ива́новна – дома́шнее зада́ние

б) **О себе́** Entschuldigt euch bei Mitschülern und Erwachsenen. Gebt einen Grund an. Wer findet die originellsten Entschuldigungen?

9 В столо́вой 9

а) Скажи́те, что ребя́та едя́т и пьют в столо́вой.

1

2

3

4

б) **О себе́** Спроси́те друг дру́га, что вы еди́те и пьёте на обе́д и у́жин.

Шко́льный интерне́т-фо́рум

S 54 **Ка́тя:** У нас в кла́ссе все про́тив сме́нки, а по-мо́ему, э́то хорошо́. В шко́ле всегда́ чи́сто, осо́бенно о́сенью, когда́ идёт дождь. 7:34

Сла́ва: Я про́тив сме́нки, кото́рую ка́ждый день нам на́до носи́ть в шко́лу. А в шко́ле чи́сто, потому́ что у нас ка́ждый день дежу́рство. 14:25

S 55 **О́ля:** У нас в шко́ле нет фо́рмы. Э́то кла́ссно! А у вас есть фо́рма? 18:20

Са́ша: У нас есть и я ду́маю, что шко́льная фо́рма – э́то хорошо́! В фо́рме удо́бно. 18:50

Мари́на: Пра́вильно! Я то́же за фо́рму. Она́ мне о́чень идёт. 19:07

Со́ня: Мо́жет быть, тебе́ идёт. Но почему́ мы должны́ носи́ть фо́рму, кото́рая нам совсе́м не нра́вится?? По-мо́ему, ка́ждый мо́жет носи́ть, что он хо́чет. 18:45

S 56 **Ю́ля:** У нас в шко́ле ка́ждый день дежу́рство, мы до́лжны́ убира́ть класс. Как я э́то не люблю́! Я ду́маю, мы не должны́ э́то де́лать?! 21:38

Ва́ся: Э́то пра́вильно! Мы в шко́лу хо́дим учи́ться, а не убира́ть. И так у нас вре́мени нет. 20:02

S 57 **Фили́пп:** Мы сейча́с уча́ствуем в интере́сном прое́кте «Наш зелёный го́род», для кото́рого мы гото́вим презента́цию, а ещё на э́той неде́ле у нас бу́дет вы́ставка. Е́сли вам интере́сно, мы ждём вас в на́шем кружке́ «Эколо́гия». 21:14

А́ня: Я была́ на э́той вы́ставке. 👎 Там вися́т то́лько плака́ты, кото́рые сде́лали ученики́ из кружка́. Ску́чно! 17:32

Ви́ка: Кака́я интере́сная вы́ставка! Ваш прое́кт мне о́чень понра́вился! По-мо́ему, всё кла́ссно! 21:53

А

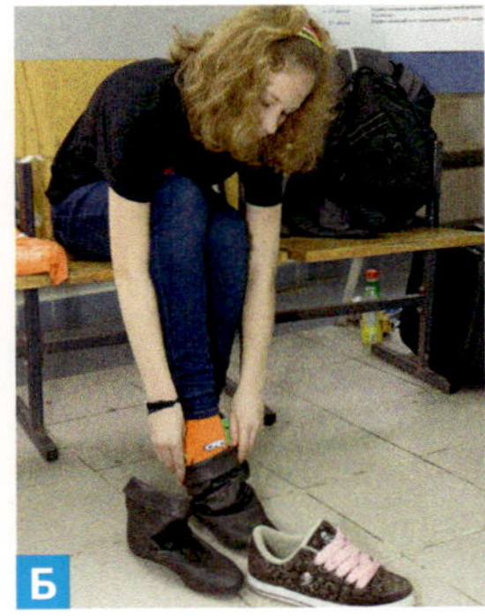
Б

В

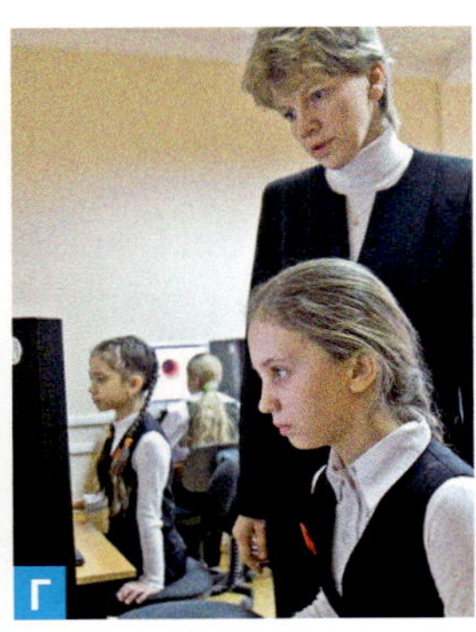
Г

1 К те́ксту 10

а) Findet für die einzelnen Abschnitte des Forums passende Überschriften.
б) Посмотри́те на фо́то на стр. 71. Скажи́те, како́е фо́то подхо́дит к како́му те́ксту.
в) Кто так ду́мает?
1. На вы́ставке вися́т то́лько ску́чные плака́ты.
2. Ка́ждый мо́жет носи́ть, что он хо́чет.
3. Я за сме́нку, потому́ что тогда́ в шко́ле чи́сто.
4. Мы готови́м презента́цию в кружке́ «Эколо́гия».
5. Я про́тив дежу́рства, потому́ что мы хо́дим в шко́лу учи́ться.
6. Мне нра́вится фо́рма, потому́ что в ней я о́чень краси́вая.

In der Schule trägt man keine Straßenschuhe, sondern сме́нка.

2 Так говоря́т – За и про́тив (1) 11

! **So kannst du deine Meinung, Zustimmung und Ablehnung äußern:**

Я ду́маю, что … По-мо́ему, … … мне (не) нра́вится, потому́ что …	Я за (+ Akk.) … Э́то пра́вильно.	Я про́тив (+ Gen.) … Э́то непра́вильно.

а) Прочита́йте текст Б ещё раз. Bei welchem Thema sind alle Schüler einer Meinung?
б) Скажи́те, кто в фо́руме за дежу́рство, сме́нку, фо́рму и вы́ставку кружка́ «Эколо́гия». А кто про́тив?
в) Дискути́руйте те́мы фо́рума. Вы за и́ли про́тив?

3 Зву́ки

S 58 **а)** Послу́шайте и повтори́те.
музе́й, **музе́и**, **де́ти**, **роди́тели**, **дво́йка**, **хо́бби**, **чай**, **попуга́й**, **презента́ции**, **весно́й**, **трамва́и**, **скейтбо́рд**, **скаме́йка**, **извини́**, **экску́рсии**

L 19 **б)** Послу́шайте слова́. Bildet in eurer Klasse eine Mannschaft für **и** und eine für **й**. Stellt euch in Reihen gegenüber auf, sodass jeder aus **и** einen Partner aus **й** hat. Die Schüler aus der Mannschaft, die ihren Laut hören, drehen sich um und laufen weg. Die Schüler, die ihren Laut nicht hören, müssen ihre Partner fangen.

4 По следа́м … § 26

а) Ihr lernt jetzt das Relativpronomen кото́рый (-ое, -ая, -ые) kennen. Erklärt die Nominativformen und vergleicht sie mit bekannten Wortarten.
б) Erstellt eine Tabelle für die Deklination von кото́рый (Singular und Plural). Die Formen könnt ihr mit euren Erkenntnissen aus a) selbst ableiten.
в) Вы́пишите (Schreibt … heraus) из те́кста Б все предложе́ния со сло́вом «кото́рый (-ое, -ая, -ые)». Переведи́те их. Unterstreicht das Relativpronomen und bestimmt das Bezugswort. Vergleicht sie hinsichtlich Genus, Numerus, Kasus und leitet die Regel ab.

5 Говори́м о шко́ле

Продо́лжите и допо́лните предложе́ния.

1. Ребя́та, — с кото́рой ты рабо́таешь на уро́ке, э́то …
2. Предме́т, — кото́рую ты но́сишь в шко́ле, э́то …
3. Оде́жда, — на кото́ром ты у́чишь стихи́, э́то …
4. Уро́ки, — в кото́ром ты у́чишься, э́то …
5. Кни́га, — кото́рые хо́дят в шко́лу, э́то …
6. Зда́ние, — кото́рые ты де́лаешь до́ма, э́то …

6 Уро́к биоло́гии 12

Вста́вьте «кото́рый» в ну́жной фо́рме.

У ученико́в, ■ сейча́с в кла́ссе, уро́к биоло́гии. Их учи́тель, ■ зову́т Ива́н Петро́вич, стои́т у доски́. Ива́н Петро́вич пока́зывает ученика́м цвето́к, ■ он нашёл в тайге́. Пото́м он мно́го говори́т о живо́тных, ■ бо́льше нет в тайге́. Но ребя́та, у ■ на сле́дующем уро́ке контро́льная по фи́зике, его́ не слу́шают. А́ня, ■ хорошо́ у́чится, чита́ет кни́гу, ■ она́ взяла́ у подру́ги. Ко́ля смо́трит на сте́ну, на ■ виси́т плака́т. О́ля ду́мает о Ро́берте, ■ она́ вчера́ написа́ла письмо́. А Ива́н Петро́вич говори́т и говори́т …

7 По-ру́сски

L 20 **а)** Du hörst russisches Internetradio. Dein kleiner Bruder kommt ins Zimmer und möchte wissen, was du da anhörst. Erkläre ihm,
- wer spricht.
- von welchem Projekt berichtet wird.
- welcher Lehrer dabei hilft.
- was im Rahmen des Projektes dieses Jahr organisiert wurde.
- was für nächstes Jahr geplant ist.
- wozu der Moderator am Schluss auffordert.

б) Folgt der Aufforderung des Moderators.

* 8 На́ша шко́ла 13, 14

Gestaltet einen Flyer für russische Gäste, die eure Schule besuchen werden. Berücksichtigt zum Beispiel folgende Inhalte:

- В како́й шко́ле вы у́читесь?
- Где нахо́дится ва́ша шко́ла?
- Кака́я э́то шко́ла и каки́е кабине́ты есть в ней?
- В како́м кла́ссе вы у́читесь?
- Ско́лько у вас уро́ков в день?
- Каки́е предме́ты вы у́чите?
- Каки́е кружки́ у вас есть?
- Что вам нра́вится в шко́ле и почему́?

Legt den Flyer in eurem Portfolio-Ordner ab.

До свида́ния, друзья́!

КОНТАКТ | Моя страница | Мои друзья | Мои сообщения | Мои фото | Мои новости

Макси́м Кузнецо́в

Интере́сы: …
Му́зыка: Рок, Кино́, Green Day, System of a Down
Люби́мые живо́тные: соба́ка, …
Люби́мые кни́ги: А. Конандо́йль „Приключе́ния Ше́рлока Хо́лмса и До́ктора Ва́тсена"
Люби́мые блю́да: борщ и пельме́ни
Люби́мые цита́ты: …

Информа́ция
Родно́й го́род: Москва́

Стена

? Большо́й приве́т из Ту́лы! Представля́ешь, я е́ду в декабре́ в Ню́рнберг! :-))

? Ты уже́ был на но́вом Дже́ймс Бо́нде? Су́пер! А ещё, хочу́ пригласи́ть тебя́ на наш конце́рт в клуб „Молоко́" в суббо́ту в 20.00. До суббо́ты! :-)

? Здесь я! Я все выходны́е была́ на да́че :-(Но у меня́ есть и хоро́шая но́вость. Ба́бушка купи́ла мне кла́ссный скейтбо́рд! :-))

КОНТАКТ | Моя страница | Мои друзья | Мои сообщения | Мои фото | Мои новости

И́ра Лукина́

Интере́сы: …
Му́зыка: Земфи́ра, Джа́стин Тимберле́йк
Люби́мые живо́тные: канаре́йка, …
Люби́мые кни́ги: А. Дюма́ „Три мушкетёра"; Бра́тья Струга́цкие „Понеде́льник начина́ется в суббо́ту"
Люби́мые блю́да: пи́цца и моро́женое
Люби́мые цита́ты: …

Информа́ция
Родно́й го́род: Москва́

Стена

? Ура́! Я получи́ла ви́зу!!! В ию́не мы с Та́ней встреча́емся в Берли́не, а пото́м е́дем в Ита́лию на мо́ре! :-))))

? Опя́ть у тебя́ пробле́мы с неме́цким. :-) Дава́й за́втра в 15.30 у меня́. Я вчера́ купи́л но́вую компью́терную игру́ (коне́чно, страте́гию), мо́жем пото́м поигра́ть.

? А меня́ пригласи́ть на игру́ не хоти́те? :-) Вы же зна́ете, как я люблю́ стратеги́ческие и́гры. У меня́ за́втра нет трениро́вки.

1 Э́то мы!

а) Прочита́йте интерне́т-са́йты. Erschließt die unbekannten Wörter mithilfe von Internationalismen bzw. aus dem Sinnzusammenhang.

б) Ergänzt die fehlenden persönlichen Informationen und findet heraus, wer den beiden geschrieben hat.

в) Gestaltet eine ähnliche Internetseite für Ле́на oder Ви́тя.

2 Интервью́

Реда́ктор уче́бника «Коне́чно» берёт интервью́ у Ле́ны, И́ры, Ма́кса и Ви́ти в Москве́: «Два го́да вы помога́ли на́шим ученика́м в Герма́нии изуча́ть ру́сский язы́к. Неме́цкие ученики́ вас тепе́рь хорошо́ зна́ют, но они́ хотя́т узна́ть ещё бо́льше. Наприме́р, ...»

а) Sammelt Fragen, die ihr den vier Jugendlichen stellen wollt, und wählt die interessantesten aus.

б) Bildet vier Gruppen. Jede Gruppe versetzt sich in die Rolle einer Lehrwerksfigur und beantwortet die Fragen aus a). Ihr könnt dafür die in Übung 1 gesammelten Informationen, euer Wissen aus den vergangenen zwei Jahren und vor allem eure Phantasie nutzen.

S 59

3 До свида́ния!

И́ра, Макс, Ле́на и Ви́тя: А тепе́рь, дороги́е неме́цкие ученики́, до свида́ния! Дава́йте, вме́сте споём (lasst uns ... singen) пе́сню «Голубо́й ваго́н». (→ S. 126)

1. Ме́дленно мину́ты уплыва́ют вдаль,
Встре́чи с ни́ми ты уже́ не жди.
И хотя́ нам про́шлого немно́го жаль,
Лу́чшее, коне́чно, впереди́!

Припе́в:
Ска́тертью, ска́тертью да́льний путь сте́лится
И упира́ется пря́мо в небоскло́н.
Ка́ждому, ка́ждому в лу́чшее ве́рится,
Ка́тится, ка́тится голубо́й ваго́н.

2. Мо́жет, мы оби́дели кого́-то зря –
Календа́рь закро́ет э́тот лист.
Жить без приключе́ний нам ника́к
нельзя́ ...
Эй, приба́вь-ка хо́ду, машини́ст!

Припе́в: ...

3. Голубо́й ваго́н бежи́т-кача́ется,
Ско́рый по́езд набира́ет ход.
Ну, заче́м же э́тот день конча́ется?
Пусть бы он тяну́лся це́лый год!

Припе́в: ...

Подготовка к ТРКИ

1 Вы уже хорошо знаете русский язык?

▸ лексика / грамматика

а) Выберите правильный вариант. Перепишите и дополните предложения.

б) Lest die Sätze abwechselnd eurem Partner vor und begründet eure Entscheidung.

1. В каком классе ты ■?	(учишь, идёшь, учишься)
2. Мой письменный стол стоит перед ■.	(окну, окна, окном)
3. Магазин находится недалеко от ■ школы.	(нашего, нашей, нашем)
4. Туристы часто фотографируют ■ башню.	(эту, этому, этой)
5. Что ты ■ завтра?	(делал, будешь делать, делаешь)
6. Это комната ■.	(моему брату, моего брата, моим братом)
7. ■ языками ты интересуешься?	(Какие, Какими, Какой)
8. Девочки, ■, пожалуйста, овощи.	(купить, купи, купите)
9. На ■ уроке я получил четвёрку.	(последнем, последним, последней)
10. Я возьму 2 килограмма ■.	(банан, банана, бананов)
11. Он, к сожалению, не ■ посмотреть выставку.	(могла, мог, могли)
12. Мы ■ дней были на экскурсии.	(один, четыре, шесть)
13. Ребята ■ сфотографировать новый памятник.	(должен, должны, должна)
14. В центре города много ■ мест.	(интересные, интересных, интересными)
15. Он знает девочку, с ■ мы разговаривали.	(котором, которую, которой)

2 Где кошка?

▸ аудирование

Послушайте тексты и найдите правильные ответы.

L 21 **а)** Что случилось?

1. Кошку зовут — Мурка. / Аська. / Бася.
2. Вика волнуется, потому что — кошка сидит под диваном. / она не может найти кошку. / кошка гуляет на улице.
3. Вика искала[1] кошку — в саду. / на кухне. / в столовой.
4. Она искала её — один час. / пять часов. / три часа.

L 22 **б)** Сюрприз

1. У девочек будет контрольная — по математике. / по физике. / по химии.
2. Вика к контрольной — уже подготовилась. / не хочет готовиться. / ещё не подготовилась.
3. Лара нашла кошку — под диваном. / в рюкзаке. / в шкафу.

---

1 **искать** suchen

3 Тройка ▸ чтение

Сегодня последний день учебного года. Юра был очень рад. Завтра уже летние каникулы! Можно ходить в кино, играть в футбол, кататься на велосипеде. Когда он шёл домой, он думал о тройке по географии. Вообще он хороший ученик, учится на четвёрки. Физику и английский язык с удовольствием учит, только географию не любит. Дома мама сразу[2] спросила: «Ну, какие у тебя оценки?» Она посмотрела дневник[1] Юры и, конечно, сразу же увидела тройку по географии. Мама сказала: «Опять тройка. Я не понимаю, почему ты по этому предмету так плохо учишься». После обеда мама пошла в институт. Она там учится по вечерам, и сегодня у неё был экзамен[3]. После экзамена она пришла[4] домой счастливая[5]. «Ну, как?» спросил папа. Мама ответила: «Тройка!» Папа тоже был очень рад и он сказал: «А теперь в ресторан! Я вас приглашаю». А Юра думал: «После школы я тоже буду учиться в институте. Я буду получать тройки и все будут рады».

Прочитайте текст и найдите правильные ответы.

1. Юра очень рад, потому что
   а) скоро летние каникулы.
   б) завтра суббота.
   в) сегодня нет уроков.
2. В школе он учится
   а) плохо.
   б) хорошо.
   в) очень хорошо.
3. Географией Юра
   а) очень интересуется.
   б) много занимается.
   в) не интересуется.
4. Мама сказала, что Юра по географии
   а) нормально учится.
   б) хорошо учится.
   в) плохо учится.
5. После обеда мама пошла
   а) на экзамен.
   б) к подруге.
   в) на работу.
6. Вечером папа сказал, что он маму и Юру приглашает
   а) в кино.
   б) на выставку.
   в) в ресторан.

4 Извините, пожалуйста ... ▸ письмо

Ты сегодня не ходил на тренировку. Напиши тренеру SMS-ку. Напиши
– извинение (Entschuldigung).
– почему ты не смог(ла) быть на тренировке и когда ты опять будешь на ней.

5 Ситуации ▸ говорение

Прочитайте предложения и составьте диалоги.
Du beginnst den Dialog, dein Partner antwortet. Tauscht dann die Rollen.

1. Ты не знаешь номер телефона этой симпатичной девочки. Спроси у неё.
2. Тебе надо купить картошку и мясо. Ты не знаешь, где магазин.
3. Ты хочешь пойти на концерт группы «Май». Спроси у брата, сколько стоит билет.
4. Пригласи (Lade ein) одноклассника в кино. Скажи, когда и где он должен быть.

---

1 дневник Hausaufgabenheft – **2 сразу** sofort – **3 экзамен** Prüfung – **4 пришла** (sie) kam – **5 счастливая** glücklich

Медве́ди в Росси́и

Ми́шка два го́да рабо́тал ассисте́нтом. И́ра, Ле́на, Ви́тя и Макс гото́вят ему́ в пода́рок альбо́м о медве́дях. Скажи́те, каки́е назва́ния они́ мо́гут вы́брать (auswählen). Каки́е назва́ния не подхо́дят? Почему́?

- Два дру́га и медве́дь
- Медве́ди в экзота́риуме
- Бе́лые медве́ди
- Медве́ди в спорти́вном ла́гере
- Медве́ди на уро́ке биоло́гии
- Де́вочка и медве́дь
- Медве́ди в ци́рке
- Что медве́ди едя́т
- До свида́ния, Ми́шка!

» К страни́це 1 подхо́дит назва́ние «...»

Прое́кт – альбо́м
Am Ende der Lektion werdet ihr viel über russische Bären erfahren haben und Mischka zum Abschied eine Seite für sein Album gestalten können.

Медве́дь как си́мвол

1. Медве́дь – си́мвол мно́гих ру́сских городо́в.

2. Ми́шка был талисма́ном на Олимпи́йских и́грах в Москве́.

3. Ру́сские де́ти о́чень лю́бят э́ти конфе́ты.

4. Э́то знамени́тая ру́сская игру́шка.

5. Э́ту «медве́дицу» мо́жно встре́тить то́лько но́чью.

1 Но́вые слова́

Прочита́йте те́ксты, угада́йте но́вые слова́ и переведи́те их.
талисма́н – Олимпи́йские и́гры – конфе́та – встре́тить – игру́шка – медве́дица

2 К те́ксту

Что пра́вильно?

1. Си́мвол мно́гих ру́сских городо́в – э́то
   - метро́.
   - матрёшка.
   - медве́дь.
2. На Олимпи́йских и́грах Ми́шка был
   - такси́стом.
   - талисма́ном.
   - президе́нтом.
3. Ру́сские де́ти лю́бят конфе́ты
   - «Ми́шка в лесу́».
   - «Медве́ди на о́тдыхе».
   - «Три медве́дя».
4. Э́ту игру́шку
   - де́ти не лю́бят.
   - все в Росси́и зна́ют.
   - все зна́ют в Герма́нии.
5. «Большу́ю Медве́дицу» мо́жно уви́деть
   - то́лько днём.
   - то́лько но́чью.
   - то́лько о́сенью.

S 64 ◎

Два дру́га

(по моти́вам Л. Толсто́го)

Пе́ред чте́нием

а) Найди́те слова́ «де́рево», «лицо́» и «ню́хать» на карти́нке и переведи́те их.
б) Что вы ви́дите на карти́нке?

Иду́т по́ лесу два дру́га, Ко́ля и Же́ня. Вдруг они́ ви́дят медве́дя. Ко́ля на де́рево, а Же́ня стои́т и ду́мает: «Что же де́лать? Мо́жет быть лежа́ть, как мёртвый?» Так он и сде́лал. Лежи́т и не ды́шит. Медве́дь подхо́дит к нему́ и ню́хает его́ лицо́. Он ню́хает, ню́хает и ду́мает, что ма́льчик мёртвый. И топ, топ, топ … пошёл да́льше в лес. Же́ня встаёт и ви́дит, что Ко́ля стои́т уже́ пе́ред ним. Он спра́шивает Же́ню: «А что тебе́ медве́дь сказа́л?» «Он мне сказа́л, что настоя́щие друзья́ в тру́дных ситуа́циях не убега́ют».

1 К те́ксту

а) Посмотри́те на карти́нку и прочита́йте текст. Кто Ко́ля, а кто Же́ня?
б) Допо́лните вопро́сы и отве́тьте на них.

К кому́ | Почему́ | Где (2х) | Что (3х) | Кого́ | О чём

1. ■ нахо́дятся Ко́ля и Же́ня?
2. ■ они́ ви́дят?
3. ■ де́лает Же́ня? ■ нахо́дится Ко́ля?
4. ■ подхо́дит медве́дь?
5. ■ де́лает медве́дь с ма́льчиком?
6. ■ медве́дь идёт да́льше?
7. ■ Ко́ля спра́шивает Же́ню?
8. ■ отвеча́ет Же́ня?

2 Настоя́щий друг

а) Как вы ду́маете, Ко́ля – настоя́щий друг? Почему́ да/нет?
б) **Пантоми́ма:** Stellt zu zweit Situationen pantomimisch dar, in denen Freundschaft deutlich wird. Eure Mitschüler erraten, was ihr dargestellt habt.
в) **Прое́кт – плака́т:** Gestaltet ein Plakat mit den wichtigsten Freundschaftsregeln.
» Настоя́щий друг до́лжен …

Пётр и Ми́ша

Пе́ред чте́нием

Erschließt folgende Wörter:
1. die Internationalismen: Япо́ния, япо́нский зоопа́рк, реабилитацио́нный центр
2. mithilfe der angegebenen Umschreibungen:

Пи́тер	= Санкт-Петербу́рг
медвежо́нок, *Pl.* медвежа́та	= ма́ленький медве́дь
роди́лся	= день рожде́ния – э́то день, когда́ ты роди́лся
Она́ остаётся в Петербу́рге.	= Она́ не е́дет в Япо́нию.

До свида́ния, Пи́тер!

65 Япо́нские зоопа́рки ча́сто покупа́ют
66 ру́сских медве́дей. Сего́дня бе́лый медвежо́нок, кото́рый роди́лся в зоопа́рке в Петербу́рге, е́дет в Япо́нию, а ма́ма-медве́дица остаётся в Петербу́рге. Здесь его́ зову́т Пётр. В Япо́нии его́ бу́дут звать Пи́тер.

Добро́ пожа́ловать в реабилитацио́нный центр!

Бу́рый медвежо́нок Ми́ша живёт в реабилитацио́нном це́нтре. Почему́? Потому́ что охо́тники уби́ли его́ ма́му. Как хорошо́, что тепе́рь у Ми́ши и у други́х медвежа́т опя́ть есть дом!

1 К те́ксту

а) Прочита́йте те́ксты. Скажи́те, кто э́то – Пётр и́ли Ми́ша?

1. Он бе́лый.
2. Он роди́лся в Санкт-Петербу́рге.
3. У него́ нет ма́мы.
4. У него́ есть ма́ма.
5. Он живёт в реабилитацио́нном це́нтре.
6. Он е́дет в Япо́нию.

б) Кака́я пробле́ма у Петра́? А кака́я пробле́ма у Ми́ши?

в) Расскажи́те о Петре́ и́ли Ми́ше.
➤ Меня́ зову́т Пётр/Ми́ша. Я ...

✻ 2 Моё дома́шнее живо́тное

Gestaltet einen Steckbrief von eurem Haustier/dem Haustier eines Freundes.
Ihr könnt dafür zusätzlichen Wortschatz aus dem ли́чный слова́рь (S. 104) verwenden.
Berücksichtigt: ★ и́мя ★ фами́лия ★ день рожде́ния ★ родно́й го́род ★ (не) лю́бит
Ihr könnt auch ein Foto dazu kleben. Legt den Steckbrief in eurem Portfolio-Ordner ab.

Ска́зка «Три медве́дя»

(по моти́вам ска́зки Л. Толсто́го)

В оди́н прекра́сный день …

А

В до́ме в столо́вой на столе́ стоя́ли три ча́шки с су́пом и лежа́ли три ло́жки: больша́я, сре́дняя и ма́ленькая.

Б

Медве́ди пришли́ домо́й у́жинать. Па́па-медве́дь и ма́ма-медве́дица посмотре́ли в свои́ ча́шки и сказа́ли: «Кто ел мой суп?»

В

Де́вочка гуля́ла по́ лесу.

Г

В э́том до́ме жи́ли три медве́дя: па́па – Михаи́л Ива́ныч, ма́ма – Наста́сья Петро́вна и ма́ленький Мишу́тка. Их не́ было до́ма. Они́ то́же гуля́ли по́ лесу.

Д

Вдруг она́ уви́дела дом.

Е

Она́ поду́мала: «Я должна́ попро́бовать суп!» Де́вочка попро́бовала из ка́ждой ча́шки. В ма́ленькой ча́шке был о́чень вку́сный суп.

Ж

Мишу́тка сказа́л: «А кто ел мой суп и всё съел?»

З

Пото́м она́ пошла́ в спа́льню. Там де́вочка уви́дела три крова́ти: большу́ю, сре́днюю и ма́ленькую.

И

Де́вочка уви́дела медве́дей и убежа́ла.

К

Снача́ла де́вочка полежа́ла в большо́й крова́ти, пото́м в сре́дней и, наконе́ц в ма́ленькой. Ма́ленькая крова́ть была́ ей как раз. И она́ засну́ла.

Л

В спа́льне па́па-медве́дь и ма́ма-медве́дица спроси́ли: «Кто спал в мое́й крова́ти?»

М

А Мишу́тка посмотре́л на свою́ крова́ть и закрича́л: «Вот она́! Вот она́!»

1 К те́ксту

а) Посмотри́те на карти́нки на стр. 82 и прочита́йте те́ксты. Како́й текст подхо́дит к како́й карти́нке? ➤ Карти́нка 1 – э́то текст В. Карти́нка 2 – э́то текст …

67 **б)** Послу́шайте ска́зку «Три медве́дя».
Prüft die Richtigkeit eurer Reihenfolge anhand des Hörtextes.

2 Мы игра́ем ска́зку

Сыгра́йте (Führt … auf) ска́зку.

1. Bildet Fünfergruppen, verteilt die Rollen und übt eure Textstellen ein.
2. Wiederholt die Strategie zum Sprechen und Spielen von Dialogen und fertigt euch für eure Textstellen Kärtchen mit Stichwörtern an.
3. Ihr könnt auch passende Kostüme und Requisiten für eure Aufführung verwenden.
4. Spielt das Märchen erst in der Gruppe und dann vor der Klasse.

Медве́дь на велосипе́де

Пе́ред аудиро́ванием

а) Erschließt folgende Wörter:
1. die Internationalismen: дрессирова́ть, цирково́й мане́ж
2. mithilfe der angegebenen Umschreibung: ве́сить = Па́чка ко́фе ве́сит полкило́.

б) Прочита́йте слова́.

корми́ть	= füttern	ла́па	= Pfote
де́тский мане́ж	= Laufgitter für Babys	ходи́ть на двух ла́пах	= *hier:* aufrecht gehen
трюк	= Kunststück, Trick	води́тельские права́	= Führerschein

1 Арти́ст Ви́ктор Кудря́вцев

L 23 **а)** Послу́шайте зву́ки. Скажи́те, где рабо́тает Ви́ктор Кудря́вцев.

L 24 **б)** Erstellt ein Hörraster mit den russischen W-Fragen, wie in der Strategie auf S. 27 beschrieben. Послу́шайте текст и отве́тьте на ва́ши вопро́сы.

в) Послу́шайте текст ещё раз. Bringt die Bilder in die richtige Reihenfolge.

г) Посмотри́те на карти́нки и скажи́те, что рассказа́л Ви́ктор Кудря́вцев о медве́дях.

А

Б

В

Г

2 Дрессиро́ванные медве́ди

а) Посмотри́те на фотогра́фии. Как вы их интерпрети́руете?

б) Informiert euch im Internet über die Situation von Tanzbären. Welche Hilfsmaßnahmen werden für diese Tiere organisiert?

Покá, Ми́шка!

1 Большóе спаси́бо Ми́шке

1 2 3 4 5 6

Посмотри́те на карти́нки и скажи́те, как Ми́шка помогáл вам учи́ть рýсский язы́к.

» Карти́нка 1: Ми́шка нам показáл Росси́ю. Сейчáс мы знáем рéку Вóлгу, городá …

* 2 Проéкт – альбóм о медвéдях игрá

а) Ihr habt jetzt einige Seiten aus dem Album gelesen, das Ви́тя, И́ра, Макс und Лéна für Mischka gemacht haben.
Schreibt Mischka zum Abschied eine E-Mail, in der ihr
- schreibt, wie euch das Album gefallen hat.
- Mischka mitteilt, dass er von euch noch eine Seite für sein Album zum Thema „Bären in Deutschland" bekommt.
- Wünsche für Mischka formuliert,
- ihm dankt und euch von ihm verabschiedet.

б) **Проéкт – альбóм:** Sucht Informationen über bekannte Bären oder Bärensymbole in Deutschland. Gestaltet eine Seite für Mischkas Album auf Russisch. Findet einen passenden Titel und ergänzt die Seite mit Fotos und/oder Bildern. Legt sie in eurem Portfolio-Ordner ab.

I. und II. Deklination der Substantive im Singular und Plural

	Singular						
	I. Deklination				II. Deklination		
	maskulin		neutral		feminin		
	hart	weich	hart	weich	hart	weich	
	auf Konsonant	auf -ь, -й	auf -о	auf -е	auf -а	auf -я	auf -ия
Nom.	магази́н[1]	музе́**й**[1]	сло́в**о**[3]	мо́р**е**	газе́т**а**	неде́л**я**	фотогра́ф**ия**
Gen.	магази́н**а**	музе́**я**	сло́в**а**	мо́р**я**	газе́т**ы**[4]	неде́л**и**	фотогра́ф**ии**
Dat.	магази́н**у**	музе́**ю**	сло́в**у**	мо́р**ю**	газе́т**е**	неде́л**е**	фотогра́ф**ии**
Akk.	магази́н[2]	музе́**й**[2]	сло́в**о**[3]	мо́р**е**	газе́т**у**	неде́л**ю**	фотогра́ф**ию**
Instr.	магази́н**ом**[3]	музе́**ем**	сло́в**ом**[3]	мо́р**ем**	газе́т**ой**[3]	неде́л**ей**	фотогра́ф**ией**
Präp.	(о) магази́н**е**[5]	(о) музе́**е**	(о) сло́в**е**	(о) мо́р**е**	(о) газе́т**е**	(о) неде́л**е**	(о) фотогра́ф**ии**
	Plural						
Nom.	магази́н**ы**[4, 6]	музе́**и**[6]	слов**а́**	мор**я́**	газе́т**ы**[4]	неде́л**и**	фотогра́ф**ии**
Gen.	магази́н**ов**[3, 7]	музе́**ев**[7]	слов[8]	мор**е́й**	газе́т[8]	неде́л**ь**[8]	фотогра́ф**ий**
Dat.	магази́н**ам**	музе́**ям**	слов**а́м**	мор**я́м**	газе́т**ам**	неде́л**ям**	фотогра́ф**иям**
Akk.	магази́н**ы**[2, 4]	музе́**и**[2]	слов**а́**	мор**я́**	газе́т**ы**[2, 4]	неде́л**и**[2]	фотогра́ф**ии**[2]
Instr.	магази́н**ами**	музе́**ями**	слов**а́ми**	мор**я́ми**	газе́т**ами**	неде́л**ями**	фотогра́ф**иями**
Präp.	(о) магази́н**ах**	(о) музе́**ях**	(о) слов**а́х**	(о) мор**я́х**	(о) газе́т**ах**	(о) неде́л**ях**	(о) фотогра́ф**иях**

1 Ausfall des -**о**- oder -**е**- zwischen den beiden Endkonsonanten bei manchen Maskulina (ab Gen. Sg. in allen Singular- und Pluralformen), z. B. пода́р**о**к → пода́рка, д**е**нь → дня.

2 Belebt wie Gen., z. B. учени́к → ученика́ (Sg.)/ученико́в (Pl.), учи́тельница → учи́тельниц (Pl.).

3 Nach Zischlaut und ц stammbetont -**е**- (statt -**о**-), z. B. ме́сяц → ме́сяц**е**м (Instr. Sg.)/ ме́сяц**е**в (Gen. Pl.), со́лнц**е** → со́лнц**е**м (Instr. Sg.), учи́тельница → учи́тельниц**е**й (Instr. Sg.).

4 Nach г, к, х und Zischlauten steht -**и** (statt -**ы**).

5 Einige Maskulina bilden den Präp. Sg. nach den Präpositionen **в**/**на** auf -**у́**, z. B. аэропо́рт → в аэропорт**у́**, бе́рег → на берег**у́**, борт → на борт**у́**, год → в год**у́**, лес → в лес**у́**, мост → на мост**у́**, пол → на пол**у́**, сад → в сад**у́**, шкаф → в шкаф**у́**.

6 Einige Maskulina bilden den Nom. Pl. auf betontes -**а́** oder -**я́**, z. B. бе́рег → берег**а́**, ве́чер → вечер**а́**, дире́ктор → директор**а́**, дом → дом**а́**, го́род → город**а́**, лес → лес**а́**, но́мер → номер**а́**, остров → остров**а́**, по́езд → поезд**а́**, учи́тель → учител**я́**.

7 Nach Zischlaut und weichem Konsonanten -**е́й**, z. B. эта́ж → этаж**е́й**, рубль → рубл**е́й**.

8 Einschub von -**о**- oder -**е**- zwischen die Endkonsonanten des Stammes, z. B. окно́ → о́к**о**н, письмо́ → пи́с**е**м, откры́тка → откры́т**о**к, де́вочка → де́воч**е**к.

Nach **Zischlaut** schreibe **и**, **у**, **а** und immer **и** nach **г**, **к**, **х**!

Nach **Zischlaut** oder **ц** statt unbetontem **о** sag **е**!

Die Deklination der Adjektive

	Singular					
	maskulin		neutral		feminin	
	hart	weich	hart	weich	hart	weich
Nom.	но́вый[1]	зи́мний	но́вое	зи́мнее	но́вая	зи́мняя
Gen.	но́вого	зи́мнего	но́вого	зи́мнего	но́вой	зи́мней
Dat.	но́вому	зи́мнему	но́вому	зи́мнему	но́вой	зи́мней
Akk.	Nom./Gen.[2]	Nom./Gen.[2]	но́вое	зи́мнее	но́вую	зи́мнюю
Instr.	но́вым[1]	зи́мним	но́вым[1]	зи́мним	но́вой	зи́мней
Präp.	(о) но́вом	(о) зи́мнем	(о) но́вом	(о) зи́мнем	(о) но́вой	(о) зи́мней
	Plural					
Nom.	но́вые[1]	зи́мние	но́вые[1]	зи́мние	но́вые[1]	зи́мние
Gen.	но́вых[1]	зи́мних	но́вых[1]	зи́мних	но́вых[1]	зи́мних
Dat.	но́вым[1]	зи́мним	но́вым[1]	зи́мним	но́вым[1]	зи́мним
Akk.	Nom./Gen.[2]	Nom./Gen.[2]	Nom./Gen.[2]	Nom./Gen.[2]	Nom./Gen.[2]	Nom./Gen.[2]
Instr.	но́выми[1]	зи́мними	но́выми[1]	зи́мними	но́выми[1]	зи́мними
Präp.	(о) но́вых[1]	(о) зи́мних	(о) но́вых[1]	(о) зи́мних	(о) но́вых[1]	(о) зи́мних

[1] Nach г, к, х und Zischlauten steht **-и** (statt **-ы**).

[2] Nom. vor unbelebten, Gen. vor belebten Substantiven.

Die Präpositionen (nach Kasus geordnet)

Kasus	Präposition		Beispiel
Gen.	без	ohne *(Sache, Person)*	Я пью чай **без** са́хар**а**. Он живёт **без** роди́тел**ей**.
	для	für *(Sache, Person)*	Э́то пода́рок **для** ма́м**ы**. Э́то по́лка **для** книг.
	до	bis *(Ort, Zeit)*	Как дойти́ **до** вокза́л**а**? **До** у́жин**а** я чита́л кни́гу.
	из	aus (Ort)	Я **из** Берли́н**а**.
	напро́тив	gegenüber *(Ort)*	Музе́й нахо́дится **напро́тив** по́чт**ы**.
	о́коло	neben, bei *(Ort)*	Моя́ ко́мната нахо́дится **о́коло** ку́хн**и**.
	от	von *(Absender, Ort)*	Э́то письмо́ **от** Ко́л**и**. Стол стои́т спра́ва **от** окна́.
	по́сле	nach *(Zeit)*	**По́сле** шко́л**ы** я отдыха́ю.
	про́тив	gegen *(Vorhaben, Ziel)*	Я **про́тив** экску́рс**ии**.
	у	bei *(Ort)*, haben	Я **у** Ми́ш**и**. **У** Ли́з**ы** есть брат.
Dat.	к	zu *(Richtung, Zeit)*	Я иду́ **к** врач**у́**. **К** у́жин**у** ма́ма гото́вит пюре́.
	по	in *(Fach)*, durch *(Ort)*	За́втра у нас контро́льная **по** фи́зик**е**.
Akk.	в	in, nach, am	Я иду́ **в** кин**о́**. Я лечу́ **в** Ри́гу. **В** сре́д**у** пра́здник.
	за	für *(Gegenwert, Ziel)*	Я **за** э́тот план.
	на	auf, in, zu *(Richtung)*	Я смотрю́ **на** го́ст**я**. Я иду́ **на** конце́рт/**на** по́чт**у**.
	че́рез	über, durch *(Richtung)*, nach, in *(Zeit)*	Мы идём **через** у́лиц**у**. Она́ получи́ла письмо́ **че́рез** ме́сяц.
Instr.	над	über *(Ort)*	Ла́мпа виси́т **над** стол**о́м**.
	пе́ред	vor *(Ort, Zeit)*	**Пе́ред** стол**о́м** стои́т кре́сло.
	под	unter *(Ort)*	Ко́шка лежи́т **под** стол**о́м**.
	ря́дом с	neben *(Ort)*	**Ря́дом с** ку́хн**ей** нахо́дится столо́вая.
	с	mit *(gemeinsam)*	Я говорю́ **с** учи́тел**ем**.
Präp.	в	in, im *(Ort, Zeit)*	Я живу́ **в** го́род**е**. **В** ма́**е** экску́рсия.
	на	auf, in, im *(Ort)*	Журна́л лежи́т **на** стол**е́**. Я живу́ **на** э́той у́лиц**е**.
	о	über, von *(Inhalt)*	Мы говори́м **о** Москв**е́**.

Häufig auftretende Verben

Aspekt	Infinitiv	Konjugation (я, ты, они́)	Präteritum	deutsch
uv.	быть	1. nur 3. Pers. Sg.: есть 2. бу́ду, бу́дешь, бу́дут	был, -á, -о, -и	1. sein 2. werden
vo.	взять	возьму́, возьмёшь, возьму́т	взял, -á, -о, -и	nehmen
uv.	встава́ть	встаю́, встаёшь, встаю́т	встава́л, -а, -о, -и	aufstehen
uv.	гото́вить	гото́влю, гото́вишь, гото́вят	гото́вил, -а, -о, -и	vorbereiten, kochen
uv.	е́здить *(unbest.)* *+ Instr.*/на *+ Präp.*	е́зжу, е́здишь, е́здят	е́здил, -а, -о, -и	fahren (mit)
uv.	есть	ем, ешь, ест, еди́м, еди́те, едя́т	ел, -а, -о, -и	essen
uv.	е́хать *(best.)* *+ Instr.*/на *+ Präp.*	е́ду, е́дешь, е́дут	е́хал, -а, -о, -и	fahren (mit)
uv.	ждать *+ Gen./Akk.*	жду, ждёшь, ждут	ждал, -á, -о, -и	warten (auf), erwarten
uv.	жела́ть *+ Dat.* *+ Gen.*	жела́ю, жела́ешь, жела́ют	жела́л, -а, -о, -и	(jdm. etw.) wünschen
uv.	жить	живу́, живёшь, живу́т	жил, -á, -о, -и	wohnen, leben
uv.	занима́ться *+ Instr.*	занима́юсь, занима́ешься, занима́ются	занима́лся, -ась, -ось, -ись	sich beschäfti-gen (mit)
uv.	звони́ть *+ Dat.*	звоню́, звони́шь, звоня́т	звони́л, -а, -о, -и	anrufen, telefonieren
uv.	игра́ть в *+ Akk.*, на *+ Präp.*	игра́ю, игра́ешь, игра́ют	игра́л, -а, -о, -и	(Spiel/Sport, Instrument) spielen
uv.	идти́ *(best.)*	иду́, идёшь, иду́т	шёл, шла, шло, шли	gehen
uv.	интересова́ться *+ Instr.*	интересу́юсь, интересу́ешься, интересу́ются	интересова́лся, -ась, -ось, -ись	sich interessieren (für)
uv.	лете́ть *(best.)* *+ Instr.*/на *+ Präp.*	лечу́, лети́шь, летя́т	лете́л, -а, -о, -и	fliegen (mit)
uv.	люби́ть	люблю́, лю́бишь, лю́бят	люби́л, -а, -о, -и	lieben, mögen
uv.	мочь	могу́, мо́жешь, мо́гут	мог, могла́, -ó, -и́	können
uv.	находи́ться	нахожу́сь, нахо́дишься, нахо́дятся	находи́лся, -ась, -ось, -ись	sich befinden
uv.	носи́ть	ношу́, но́сишь, но́сят	носи́л, -а, -о, -и	tragen
uv.	писа́ть	пишу́, пи́шешь, пи́шут	писа́л, -а, -о, -и	schreiben
uv.	пить	пью, пьёшь, пьют	пил, -á, -о, -и	trinken
uv.	поздравля́ть *+ Akk.* с *+ Instr.*	поздравля́ю, поздравля́ешь, поздравля́ют	поздравля́л, -а, -о, -и	(jdm. zu etw.) gratulieren
uv.	проводи́ть	провожу́, прово́дишь, прово́дят	проводи́л, -а, -о, -и	verbringen
uv.	сиде́ть	сижу́, сиди́шь, сидя́т	сиде́л, -а, -о, -и	sitzen
uv.	спать	сплю, спишь, спят	спал, -á, -о, -и	schlafen
uv.	сто́ить	*nur 3. Pers.*: сто́ит, сто́ят	сто́ил, -а, -о, -и	kosten
uv.	стоя́ть	стою́, стои́шь, стоя́т	стоя́л, -а, -о, -и	stehen
uv.	ходи́ть *(unbest.)*	хожу́, хо́дишь, хо́дят	ходи́л, -а, -о, -и	gehen
uv.	хоте́ть *+ Gen.*	хочу́, хо́чешь, хо́чет, хоти́м, хоти́те, хотя́т	хоте́л, -а, -о, -и	wollen

Die Grundzahlen

1	один[1]	11	оди́ннадцать	20	два́дцать	100	сто
2	два[2]	12	двена́дцать	21	два́дцать оди́н[1]	101	сто оди́н[1]
3	три	13	трина́дцать	22	два́дцать два[2]	110	сто де́сять
4	четы́ре	14	четы́рнадцать	30	три́дцать	199	сто девяно́сто де́вять
5	пять	15	пятна́дцать	40	со́рок		
6	шесть	16	шестна́дцать	50	пятьдеся́т		
7	семь	17	семна́дцать	60	шестьдеся́т		
8	во́семь	18	восемна́дцать	70	се́мьдесят		
9	де́вять	19	девятна́дцать	80	восемьдесят		
10	де́сять			90	девяно́сто		

[1] Je nach Genus des Bezugsworts gebrauche **оди́н** (теа́тр), **одно́** (я́блок**о**), **одна́** (буты́лк**а**).
[2] Vor Maskulina und Neutra **два**, vor Feminina **две**.

Die Rektion der Grundzahlen		
1 + Nom. Sg.	**2, 3, 4 + Gen. Sg.**	**5–20 + Gen. Pl.**
оди́н учени́к	два ученик**а́**	пять ученик**о́в**
одн**о́** сло́в**о**	два сло́в**а**	де́сять слов
одн**а́** газе́т**а**	дв**е** газе́т**ы**	сто газе́т

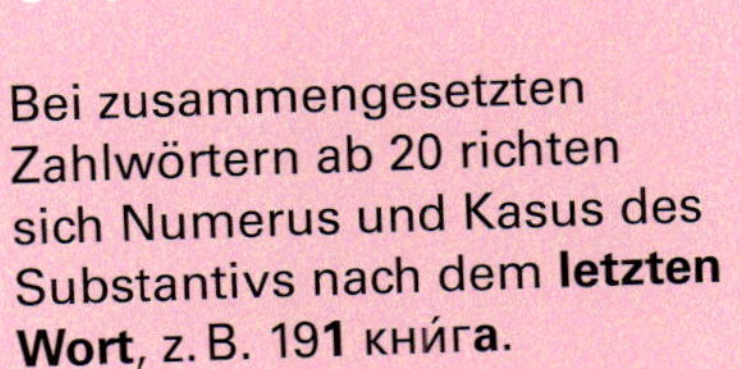
Bei zusammengesetzten Zahlwörtern ab 20 richten sich Numerus und Kasus des Substantivs nach dem **letzten Wort**, z. B. 19**1** кни́г**а**.

Die Ordnungszahlen

1.	пе́рвый[1]	11.	оди́ннадцатый	21.	два́дцать пе́рвый
2.	второ́й	12.	двена́дцатый	22.	два́дцать второ́й
3.	тре́тий[2]	13.	трина́дцатый	23.	два́дцать тре́тий[2]
4.	четвёртый	14.	четы́рнадцатый	30.	тридца́тый
5.	пя́тый	15.	пятна́дцатый	31.	три́дцать пе́рвый
6.	шесто́й	16.	шестна́дцатый		
7.	седьмо́й	17.	семна́дцатый		
8.	восьмо́й	18.	восемна́дцатый		
9.	девя́тый	19.	девятна́дцатый		
10.	деся́тый	20.	двадца́тый		

[1] Endungen wie bei Adjektiven -**ый** (betont -**о́й**), -**ое**, -**ая**, -**ые**.
[2] Beachte die Sonderformen тре́т**ий**, тре́т**ье**, тре́т**ья**, тре́т**ьи**.

ТРКИ 1

1 Вы уже хорошо знаете русский язык?

(1) Франции
(2) родителями
(3) Германии
(4) Италии
(5) ними
(6) купаемся
(7) экскурсии
(8) смотрели
(9) магазинам
(10) купила
(11) бутиков
(12) катались
(13) знаменитый
(14) большим
(15) нём
(16) фонтаны
(17) фотографировала

2 Разговор по телефону

1. с подругой
2. на даче
3. купаться и загорать
4. на велосипеде
5. у метро
6. в 9 часов утра

3 Город на Оке

1. а) «Приезжайте в Калугу!»
2. в) Оки
3. в) старый
4. б) восемь музеев
5. а) музей космонавтики
6. б) о космосе и технике

ТРКИ 2

1 Вы уже хорошо знаете русский язык?

1. учишься
2. окном
3. нашей
4. эту
5. будешь делать
6. моего брата
7. Какими
8. купите
9. последнем
10. бананов
11. мог
12. шесть
13. должны
14. интересных
15. которой

2 Где кошка?

а) 1. Мурька
2. она не может найти кошку
3. в столовой
4. три часа

б) 1. по физике
2. ещё не подготовилась
3. в рюкзаке

3 Тройка

1. а) скоро летние каникулы
2. б) хорошо
3. в) не интересуется
4. в) плохо учится
5. а) на экзамен
6. в) в ресторан

Ле́ксика к уро́кам – Lektionsbegleitendes Vokabular

Das lektionsbegleitende Vokabular hilft dir beim selbstständigen Lernen der neuen Wörter. In der linken Spalte stehen die obligatorischen[1] (fett gedruckt) und rezeptiven[2] (nicht fett gedruckt) Wörter in der Reihenfolge, in der sie in der Lektion vorkommen.

Zu vielen Wörtern gibt es blau gedruckte Beispielsätze, mit denen du die Vokabeln im Zusammenhang lernen kannst.

Zusätzlich gibt es in jedem Lektionsteil grüne Kästen, mit deren Wörtern du deinen persönlichen Wortschatz (Мой ли́чный слова́рь) erweitern und ordnen kannst.
Die Kästen mit der Überschrift Интернационали́змы enthalten Wörter, die leicht verständlich sind, weil du sie aus deiner Erstsprache oder aus anderen Sprachen ableiten kannst.
Wenn du für die Wörter, die nicht übersetzt sind, Hilfe brauchst, kannst du auf Seite 105 nachschlagen.
In den Kästen mit der Überschrift Те́ма findest du Wörter, die du lernen musst (fett gedruckt), thematisch zusammengefasst. Außerdem bieten sie dir einen Auswahlwortschatz (nicht fett gedruckt) für persönliche Äußerungen.

In den gelben Kästen findest du die wichtigste Grammatik der Lektion.
Neben der Überschrift steht der entsprechende Paragraf, unter dem du im Grammatischen Beiheft weitere Informationen nachschlagen kannst.

Am Ende des Vokabulars findest du noch ein kleines Wörterbuch mit der Übersetzung der Zungenbrecher, der Lieder, der geografischen Bezeichnungen sowie allen Arbeitsanweisungen, die im Lehrbuch vorkommen.

Abkürzungen und Symbole

m.	maskulin (männlich)	*uv.*	unvollendeter Aspekt
n.	neutral (sächlich)	*vo.*	vollendeter Aspekt
f.	feminin (weiblich)	*best.*	bestimmt
Sg.	Singular	*unbest.*	unbestimmt
Pl.	Plural	*Imp.*	Imperativ
Nom.	Nominativ	*Dim.*	Diminutiv (Verkleinerungsform)
Gen.	Genitiv	*Pers.*	Person
Dat.	Dativ	*ugs.*	umgangssprachlich
Akk.	Akkusativ	*unpers.*	unpersönlich
Instr.	Instrumental	*indekl.*	indeklinabel (nicht deklinierbar)
Präp.	Präpositiv	*wörtl.*	wörtlich
Adv.	Adverb		

= Synonym ≠ Antonym > Wortfamilie

1 **obligatorisch** Wörter, die du lernen musst – 2 **rezeptiv** Wörter, die du verstehen musst

Уро́к 1

Старт: Ура́, кани́кулы!

 **Мой ли́чный слова́рь**

Интернационали́змы

акти́вный (-ая, -ое, -ые), па́льма

кани́кулы *nur Pl.*	Ferien
о́тдых	Erholung, Entspannung
кла́ссно *Adv.*	klasse, toll
Фра́нция	Frankreich
во Фра́нции	in Frankreich
мо́ре	Meer
отдыха́ть на мо́ре	sich am Meer erholen
со́лнце [со́нце]	Sonne
лежа́ть на со́лнце	in der Sonne liegen
фру́кты *Pl.* (*Sg.* **фрукт**)	Früchte, Obst
да́ча	Wochenendhaus, Datscha
на да́че	auf der Datscha
Чёрное мо́ре	Schwarzes Meer
спорти́вный, -ая, -ое, -ые	sportlich, Sport-
ла́герь *m.*	Lager, Camp
спорти́вный ла́герь	Sportlager, Sportcamp
Еги́пет; *Gen.* Еги́пта	Ägypten
о́стров	Insel
вчера́	gestern
экску́рсия	Ausflug
Вчера́ мы бы́ли на экску́рсии.	Gestern haben wir einen Ausflug gemacht.
Рейхста́г	Reichstag
интернациона́льный, -ая, -ое, -ые	international
представля́ешь	stell dir vor
друзья́ *Pl.* (*Sg.* **друг**); *Gen. Pl.* **друзе́й**	Freunde
Испа́ния	Spanien
Ита́лия	Italien
да́же	sogar
Ту́рция	Türkei

Die Deklination der Substantive auf **-ия**	§ 1
Nom.	экску́рс**ия**
Gen.	экску́рс**ии**
Dat.	экску́рс**ии** (!)
Akk.	экску́рс**ию**
Instr.	экску́рс**ией**
Präp.	(об) экску́рс**ии** (!)

собира́ть	sammeln
гриб; *Gen.* **гриба́**	Pilz
сад	Garten
в саду́	im Garten
ску́чно *Adv.*	langweilig
Мне так ску́чно!	Mir ist so langweilig!
друго́й, -а́я, -о́е, -и́е	andere
страна́; *Nom. Pl.* **стра́ны**	Land
Я люблю́ други́е стра́ны.	Ich liebe andere Länder.

Текст А: Мои́ идеа́льные кани́кулы

Мой ли́чный слова́рь

Интернационали́змы

ра́фтинг

мой идеа́льные кани́кулы – meine Traumferien, экстри́м – Extremsport, по-туре́цки – auf Türkisch

веду́щая	Moderatorin
В эфи́ре радиоста́нция …	Der Radiosender … ist auf Sendung.
Приве́т FM	Hallo FM; *hier: Name eines Radiosenders*
отку́да	woher
почему́	warum
грани́ца	Grenze
за грани́цей	im Ausland
мо́жно	man kann, man darf
в э́том году́	in diesem Jahr
гости́ница	Hotel
бассе́йн	Schwimmbad, Pool
загора́ть	sich sonnen
пляж	Strand
Мы загора́ли на пля́же.	Wir sonnten uns am Strand.
бана́н	Banane; *hier:* „Bananenboot“
про́шлый, -ая, -ое, -ые	vergangen
в про́шлом году́	letztes Jahr, im letzten Jahr
про́шлым ле́том	(im) letzten Sommer

Die Deklination der **Adjektive** (harter Stammauslaut) und von **какóй** (Singular) §2			
Kasus	m.	n.	f.
Nom.	нóвый	нóвое	нóвая
Gen.	нóвого	нóвого	нóвой
Dat.	нóвому	нóвому	нóвой
Akk.	Nom./Gen.[1]	нóвое	нóвую
Instr.	нóвым	нóвым	нóвой
Präp.	(о) нóвом	(о) нóвом	(о) нóвой
[1] Nom. bei belebten, Gen. bei unbelebten Substantiven			
Das endbetonte Fragepronomen какóй wird genauso dekliniert. Beachte: nach к steht -и (statt -ы).			

горá; *Nom. Pl.* **гóры** – Berg
в горáх – im Gebirge, in den Bergen

Кавкáз – Kaukasus
на Кавкáзе – im Kaukasus

мáунтинбáйк – Mountainbike
Мы катáлись на мáунтинбáйке. – Wir fuhren Mountainbike.

óзеро; *Nom. Pl.* **озёра** – See *m.*

палáтка – Zelt
Мы жи́ли в палáтке. – Wir haben gezeltet.

лес – Wald
в лесý – im Wald

потомý что – weil

Байкáл – Baikal(see)

дерéвня – Dorf

катáться на лошадя́х – reiten

купáться – baden

лови́ть – fangen
ловлю́, лóвишь, лóвят

ры́ба – Fisch

лови́ть ры́бу – angeln

Упражнéния А

во врéмя *(+ Gen.)* – während
во врéмя кани́кул – während der Ferien

крокоди́л – Krokodil

по ýлицам – durch die Straßen

папирóса – Zigarette

кури́ть – rauchen

разговóр – Gespräch
разговóр по телефóну – Telefonat, Telefongespräch

понимáть – verstehen

интерéсный, -ая, -ое, -ые – interessant

Текст Б: В спорти́вном лáгере

Мой ли́чный словáрь

Интернационали́змы

дисципли́на, áдрес

интервью́ *n., indekl.* – Interview, секрéт – Geheimnis, чемпионáт – Meisterschaft

стрóгий, -ая, -ое, -ие – streng

заря́дка – (Morgen-)Gymnastik

кáждый, -ая, -ое, -ые – jeder, jede, jedes; alle

иногдá – manchmal

хорóший, -ая, -ее, -ие – gut

погóда – Wetter
Сегóдня у нас хорóшая погóда. – Heute haben wir schönes Wetter.

хотя́ – obwohl

дождь *m.* – Regen

дождь идёт/шёл – es regnet/es hat geregnet

холóдный, -ая, -ое, -ые – kalt

хóлодно *Adv.* – kalt
Вчерá бы́ло хóлодно. – Gestern war es kalt.
Мне хóлодно. – Mir ist kalt.

опя́ть – wieder

тепло́ *Adv.* – warm

свети́ть – scheinen, leuchten
он/онá/онó свéтит, они́ свéтят
Сегóдня свéтит сóлнце. – Heute scheint die Sonne.

кварти́ра – Wohnung
ул. Пýшкина д. 26 кв. 98 – Puschkinstr. 26, Wohnung 98

конéц – endlich

написáть *vo.* – schreiben
> писáть *uv.*
> письмó – > Brief

Die Grundregeln für den Gebrauch der Aspekte §3, 5		
Aspekt	Hervorhebung	Beispiele
unvollendet	Verlauf der Handlung	И́ра **покупáла** сви́тер.
	Dauer Wiederholung	Макс **читáл** два часá. Онá **смотрéла** фильм 3 рáза.
vollendet Kein Präsens!	Ergebnis der Handlung	И́ра **купи́ла** сви́тер. Вот он.
	Einmaligkeit	Вчерá он **позвони́л** мáме.

Aspektpaare und ihre Bildung	§4
unvollendet – vollendet	Bildungsweise
писа́ть → **на**писа́ть	Vorsetzen eines Präfixes
вста**ва́**ть ← встать	Anfügen eines Suffixes an den Stamm
говори́ть – сказа́ть	unterschiedliche Wortstämme

откры́тка; *Gen. Pl.* **откры́ток** – Postkarte
отли́чный, -ая, -ое, -ые – ausgezeichnet, hervorragend
получи́ть *vo.* – bekommen, erhalten
> получа́ть *uv.*
че́рез *(+ Akk.)* – nach, in
че́рез ме́сяц – nach einem Monat
покупа́ть/купи́ть – kaufen
позвони́ть *vo.* – anrufen
> звони́ть *uv.*
сказа́ть *vo.* – sagen
> говори́ть *uv.*
прочита́ть *vo.* – lesen
> чита́ть *uv.*

Упражне́ния Б

плохо́й, -а́я, -о́е, -и́е – schlecht
≠ хороший – ≠ gut
снег – Schnee
снег идёт/шёл – es schneit/hat geschneit
гра́дус – Grad
вдруг – plötzlich

Entscheidungshilfen für die Aspektwahl			§5
unvollendeter Aspekt		vollendeter Aspekt	
всегда́	immer	наконе́ц	schließlich, endlich
до́лго	lange		
час	1 Stunde (lang)	вдруг	plötzlich
		сейча́с	jetzt, gleich
иногда́	manchmal		
ка́ждый день	jeden Tag		
мно́го (раз)	viel(mals)		
обы́чно	gewöhnlich		
ча́сто	oft		

сде́лать *vo.* – machen, tun
> де́лать *uv.*
отдохну́ть *vo.* – sich erholen, sich ausruhen
> отдыха́ть *uv.*
> о́тдых – > Erholung, Entspannung
мы с *(+ Instr.)* – ... und ich
мы с роди́телями – meine Eltern und ich

Уро́к 2

Старт: В Санкт-Петербу́рге

 **Мой ли́чный слова́рь**

Интернационали́змы

орке́стр

 **Мой ли́чный слова́рь**

Те́ма: Достопримеча́тельности Санкт-Петербу́рга

Петерго́ф – Peterhof
Петропа́вловская кре́пость – Peter-und-Paul-Festung
Зи́мний дворе́ц – Winterpalast
Эрмита́ж – Eremitage
Не́вский проспе́кт – Newskij Prospekt, wichtigste Straße in St. Petersburg
Исаа́киевский собо́р – Isaak-Kathedrale
Мари́инский теа́тр – Mariinskij-Theater, berühmtes Ballett- und Operntheater
Фонта́нка – Fontanka, Fluss im Zentrum von St. Petersburg
Чи́жик-Пы́жик – kleinstes Denkmal in St. Petersburg in Form eines Vogels

кре́пость *f.* – Festung
дворе́ц; *Gen.* **дворца́** – Palast
ра́ньше – früher
царь *m.*; *Gen.* **царя́** – Zar
предложе́ние – Satz; Vorschlag
хо́стел – Jugendherberge
Се́верные острова́ – Nördliche Inseln
фотогра́фия – Foto
Они́ смо́трят фотогра́фии. – Sie schauen sich Fotos an.
фонта́н – Springbrunnen
о́коло *(+ Gen.)* – neben, bei
кора́бль *m.*; *Gen.* **корабля́** – Schiff
пра́вда? – *hier:* nicht wahr?
мно́го *(+ Gen.)* – viel, viele
мно́го музе́ев – viele Museen
река́ – Fluss
кана́л – Kanal
мост; *Nom. Pl.* **мосты́** – Brücke
на мосту́ – auf der Brücke
магази́н – Laden, Geschäft

дирéктор; *Nom. Pl.* **директорá**	Direktor(in)

Maskulina auf **-а**/**-я** im Nominativ Plural			§6
бéрег	берегá	лес	лесá
вéчер	вечерá	нóмер	номерá
гóрод	городá	óстров	островá
дирéктор	директорá	пóезд	поездá
дом	домá	учи́тель	учителя́

Текст А: Гóрод на Невé

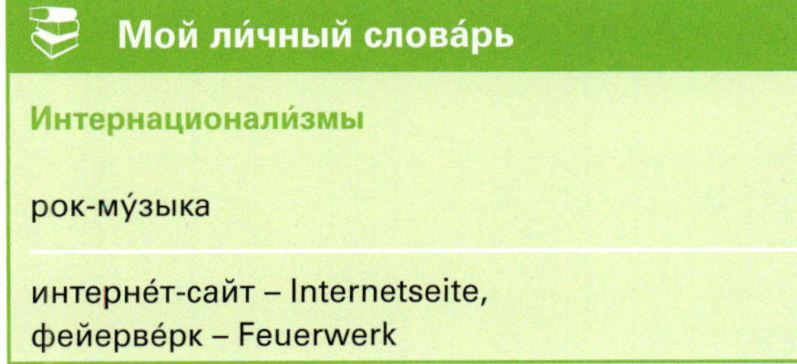

Мой ли́чный словáрь

Интернационали́змы

рок-мýзыка

интернéт-сайт – Internetseite, фейервéрк – Feuerwerk

говоря́т	man sagt
Сéверная Венéция	Venedig des Nordens
понрáвиться *vo.*	gefallen
> нрáвиться *uv.*	
Экскýрсия мне óчень понрáвилась.	Der Ausflug hat mir sehr gut gefallen.
Бéлые нóчи	Weiße Nächte *(Nächte, in denen es nicht dunkel wird)*
ночь *f.*	Nacht
нóчью	nachts
светлó	hell
без *(+ Gen.)*	ohne
≠ с *(+ Instr.)*	mit
лáмпа	Lampe
днём	tagsüber
> дéнь	Tag
балéт	Ballett
Лебеди́ное óзеро	Schwanensee *(berühmtes Ballett von Tschaikowski)*
дéвочка	Mädchen *(bis 14 Jahre)*
мáльчик	Junge *(bis 14 Jahre)*

Die I. und II. Deklination der Substantive (Plural) §8
Die vollständige Übersicht findest Du auf S. 86.

гид	Führer, Touristenführer
Пётр I (Пéрвый); *Gen.* **Петрá Пéрвого**	Peter I. (russ. Zar; 1672–1725)
весёлый, -ая, -ое, -ые	lustig
узнавáть *uv.*/**узнáть** *vo.*	*hier:* erfahren
> знать	> wissen, kennen
стрóить/пострóить	bauen, errichten
бóльше	mehr
> большóй	> groß

Упражнéния А

Этьéн Мори́с Фальконé	Etienne Maurice Falconet (frz. Bildhauer; 1716–1791)
Михаил Михáйлович Шемя́кин	Michail Michailowitsch Schemjakin (russ. Bildhauer; *1943)
óтчество	Vatersname
> отéц	> Vater
фами́лия	Familienname, Nachname
роднóй, -áя, -óе, -ы́е	Heimat-
роднóй гóрод	Heimatstadt
родня́я странá	Heimatland, Vaterland
профéссия	Beruf

Текст Б: Экскýрсия по рéкам и канáлам

Мой ли́чный словáрь

Интернационали́змы

фестивáль *m.*, архитéктор

брейк-дáнсер – Breakdancer

борт	Bord
пáмятник *(+ Dat.)*	Denkmal
пáмятник Петрý Пéрвому	Denkmal Peters I.
сантимéтр	Zentimeter
бросáть *uv.*	werfen
монéтка	kleine Münze
Э́то принóсит удáчу.	Das bringt Glück.
прóбовать/попрóбовать	probieren, versuchen
прóбую, прóбуешь, прóбуют	
хотéть *uv.*	wollen
хочý, хóчешь, хóчет, хоти́м, хоти́те, хотя́т	
танцевáть *uv.*	tanzen
фотографи́ровать/сфотографи́ровать	fotografieren
> фотогрáфия	

Die Verben auf **-овать** und **-евать**			§ 12
Präsens			
фотографи́р**овать**		танцева́ть	
я ты они́	фотографи́р**ую** фотографи́р**уешь** фотографи́р**уют**	я ты они́	танц**у́ю** танц**у́ешь** танц**у́ют**
Präteritum			
он она они́	фотографи́р**овал** фотографи́р**овала** фотографи́р**овали**	он она́ они	танц**ева́л** танц**ева́ла** танц**ева́ли**
In den Präsensformen -ова-/-ева- durch -у- ersetzen!			

Мой ли́чный слова́рь

Интернационали́змы

организова́ть *vo.* – organisieren, дискути́ровать *uv.* – diskutieren, реаги́ровать *uv.* – reagieren, интерпрети́ровать *uv.* – interpretieren, ремонти́ровать *uv.* – reparieren, протестова́ть *uv.* – protestieren, критикова́ть *uv.* – kritisieren информи́ровать *uv.* – informieren

пе́ред *(+ Instr.)*	vor
у кого́?	bei wem?, *hier:* wer hat?
У кого́ но́мер моби́льника?	Wer hat die Handynummer?

Die Deklination von **кто** und **что**		§ 9
Nom. Gen. Dat. Akk. Instr. Präp.	кто кого́ кому́ кого́ кем о ком	что чего́ чему́ что чем о чём

интересова́ться *(+ Instr.)*	sich interessieren (für)
> интере́сный	> interessant
Я интересу́юсь спо́ртом.	Ich interessiere mich für Sport.
мне не интере́сно	es interessiert mich nicht

Упражне́ния Б

худо́жник	Künstler

Die Deklination der **Personalpronomen** (Instr./Präp. Sg.)				§ 10
	я	ты	**он/оно́**	**она́**
Instr. Präp.	мной обо мне	тобо́й о тебе́	(н)им о нём	(н)ей о ней

Die Deklination der **Personalpronomen** (Instr./Präp. Pl.)			§ 10
	мы	вы	**они**
Instr. Präp.	на́ми о нас	ва́ми о вас	(н)и́ми о них

посмотре́ть *vo.*	schauen, anschauen
> смотре́ть *uv.*	
биле́т	Fahrkarte, Eintrittskarte
биле́т в кино́	Kinokarte
пойти́ *vo.*	gehen, losgehen
> идти́ *uv.*	
Prät. пошёл, пошла́, пошло́, пошли́	
интере́с	Interesse
> интере́сный	> interessant
> интересова́ться	> sich interessieren

Уро́к 3

Старт: Ко́нкурс «Мой родно́й го́род»

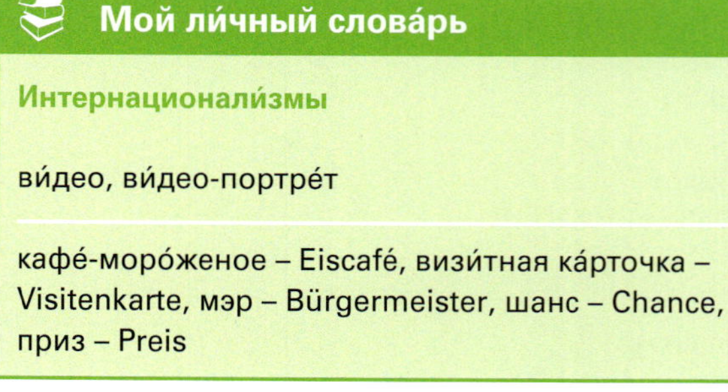
Мой ли́чный слова́рь

Интернационали́змы

ви́део, ви́део-портре́т

кафе́-моро́женое – Eiscafé, визи́тная ка́рточка – Visitenkarte, мэр – Bürgermeister, шанс – Chance, приз – Preis

ко́нкурс	Wettbewerb, Preisausschreiben
положе́ние	*hier:* geografische Lage

Мой ли́чный слова́рь

Те́ма: Die Himmelsrichtungen

се́вер	Norden	**на** се́вере	im Norden
восто́к	Osten	**на** восто́ке	im Osten
юг	Süden	**на** ю́ге	im Süden
за́пад	Westen	**на** за́паде	Im Westen

Кремль *m.;* *Gen.* **Кремля́**	Kreml *(Stadtfestung in russischen Städten)*
ба́шня; *Gen. Pl.* **ба́шен**	Turm
ме́сто	Ort, Platz
кабине́т	Büro, Arbeitszimmer; Unterrichtsraum
сове́товать/ посове́товать	raten, empfehlen
сове́тую, сове́туешь, сове́туют	
ту́льский, -ая, -ое, -ие	Tulaer, aus Tula stammend
Экзота́риум	Exotarium *(Zoo mit seltenen Tierarten)*
скаме́йка	(Sitz-)Bank
пря́ник	Lebkuchen
рассказа́ть *vo.*	erzählen
> расска́зывать *uv.*	
> сказа́ть	> sagen
те́ма	Thema
пое́здка	Reise
> по́езд	> Zug
> е́здить	> fahren
прекра́сный, -ая, -ое, -ые	wunderschön
та́кже	auch, ebenso
иностра́нный, -ая, -ое, -ые	ausländisch
иностра́нный язы́к	Fremdsprache
истори́ческий, -ая, -ое, -ие	historisch
Тури́сты гуля́ют по истори́ческим у́лицам.	Die Touristen spazieren durch die historischen Straßen.
вку́сный, -ая, -ое, -ые	lecker
симпати́чный, -ая, -ое, -ые	sympathisch, nett

Die Deklination der Adjektive (harter Stammauslaut) und von какой (Plural) § 13

Nom.	но́в**ые**	как**и́е**
Gen.	но́в**ых**	как**и́х**
Dat.	но́в**ым**	как**и́м**
Akk.	= Nom./Gen.[1]	= Nom./Gen.[1]
Instr.	но́в**ыми**	как**и́ми**
Präp.	(о) но́в**ых**	(о) как**и́х**

[1] Nom. bei unbelebten, Gen. bei belebten Substantiven

Текст А: Ви́део о Ту́ле

Мой ли́чный слова́рь

Интернационали́змы

экспона́т, план, тур, презента́ция

шо́у-програ́мма – Show, штурм – Erstürmung

реша́ть/реши́ть	entscheiden, beschließen; lösen
уча́ствовать (в + *Präp.*) *uv.*	teilnehmen (an)
уча́ствовать в ко́нкурсе	am Wettbewerb teilnehmen
снима́ть/снять	*hier:* aufnehmen, filmen
до́лжен, должна́, должно́, должны́ *(+ Inf.)*	müssen, sollen

Bedeutung und Gebrauch von до́лжен – *müssen, sollen* § 14

Sg.	**он** (не) **до́лжен** он**а́** (не) должн**а́** он**о́** (не) должн**о́**	+ Infinitiv	er / sie / es } muss/soll etw. tun
Pl.	они́ + (не) должны́	+ Infinitiv	sie müssen/sollen …

Die Formen von **до́лжен** stimmen in Genus und Numerus mit dem Subjekt überein.

обяза́тельно	unbedingt
стена́; *Akk.* **сте́ну**, *Nom. Pl.* **сте́ны**	Mauer, Wand
на стене́	an der Wand
гига́нтский, -ая, -ое, -ие	gigantisch
спортплоща́дка	Sportplatz
по́чта	Post
идти́ на по́чту	auf die Post gehen
вокза́л	Bahnhof
на вокза́ле	auf dem Bahnhof
кни́жный магази́н	Buchhandlung
> кни́га	> Buch
суперма́ркет	Supermarkt
Ну, ты даёшь! *ugs.*	Spinnst du?
парфюме́рия	Parfümerie
бути́к	Boutique
кио́ск	Kiosk, Verkaufsstand
ры́нок; *Gen.* **ры́нка**	Markt
спорттова́ры	Sportwaren
компью́терная игра́	Computerspiel

Упражнéния А

культýра	Kultur
располóжен, -а, -о, -ы	liegt; liegen *(sich befinden)*
> положéние	> Lage
Где располóжен гóрод Смолéнск?	Wo liegt die Stadt Smolensk?
Где располóжена твоя роднáя дерéвня?	Wo liegt dein Heimatdorf?

Текст Б: Кóнкурс с сюрпрúзом

Мой лúчный словáрь

Интернационалúзмы

спóнсор, стоп, оригинáльный (-ая, -ое, -ые)

жюрú *n. indekl.* – Jury, спортклýб – Fitnessstudio

волновáться/ взволновáться	sich aufregen, aufgeregt sein
волнýюсь, волнýешься, волнýются	
мы рáды	wir freuen uns
мочь/смочь	können, dürfen

Bedeutung und Gebrauch von мочь – *können, dürfen* § 16

	Präsens		Präteritum	
мочь + *(vo.)* Inf.	я	могý		
	ты	мóжешь	**он**	**мог** (kein л!)
	он/á/ó	мóжет	онá	моглá
	мы	мóжем	онó	моглó
	вы	мóжете	онú	моглú
	онú	мóгут		

покáзывать/показáть	zeigen
рaйóн	Stadtviertel
посещáть/посетúть	besuchen
встречáться/ встрéтиться	sich treffen
проводúть *uv.*	verbringen
провожý, провóдишь, провóдят	
проводúть врéмя	die Zeit verbringen
мужчúна *m.*	Mann
Посмотрúте на э́того мужчúну!	Seht euch / Sehen Sie sich diesen Mann an!
вор	Dieb
действúтельно	tatsächlich
детектúв	*hier:* Krimi
милúция	Polizei
найтú *vo.*	finden
Prät. нашёл, нашлá, нашлó, нашлú	
поéхать *vo.*	fahren, losfahren
> éхать *uv.*	

Die Deklination von э́тот – *dieser* § 15

Nom.	э́тот	э́то	э́та	э́ти
Gen.	э́того	э́того	э́той	э́тих
Dat.	э́тому	э́тому	э́той	э́тим
Akk.	= Nom./ Gen.[1]	э́то	э́ту	= Nom./ Gen.[1]
Instr.	э́тим	э́тим	э́той	э́тими
Präp.	(об) э́том	(об) э́том	(об) э́той	(об) э́тих

Э́тот richtet sich in Genus, Numerus und Kasus nach dem Bezugswort.

[1] Nom. bei unbelebten, Gen. bei belebten Substantiven

Упражнéния Б

рáтуша	Rathaus
конéц; *Gen.* **концá**	Ende
в концé	am Ende
увúдеть *vo.*	sehen
вúдеть *uv.*	

Мой лúчный словáрь

Тéма: Зéмли и географúческие назвáния

землá – *hier:* Bundesland
Бавáрия – Bayern
Бáден-Вю́ртемберг – Baden-Württemberg
Берлúн – Berlin
Брáнденбург – Brandenburg
Брéмен – Bremen, Гáмбург – Hamburg
Гéссен – Hessen
Мéкленбург-Перéдняя Померáния – Mecklenburg-Vorpommern
Нúжняя Саксóния – Niedersachsen
Рéйнланд-Пфáльц – Rheinland-Pfalz
Саар – Saar, Саксóния – Sachsen
Саксóния-Áнгальт – Sachsen-Anhalt
Сéверный Рейн-Вестфáлия – Nordrhein-Westphalen
Тюрúнгия – Thüringen
Шлéзвиг-Гольштéйн – Schleswig-Holstein
Балтúйское мóре – Ostsee
Сéверное мóре – Nordsee
Áльпы – Alpen, Гарц – Harz

Урóк 4

Старт: Вечери́нка у Лéны

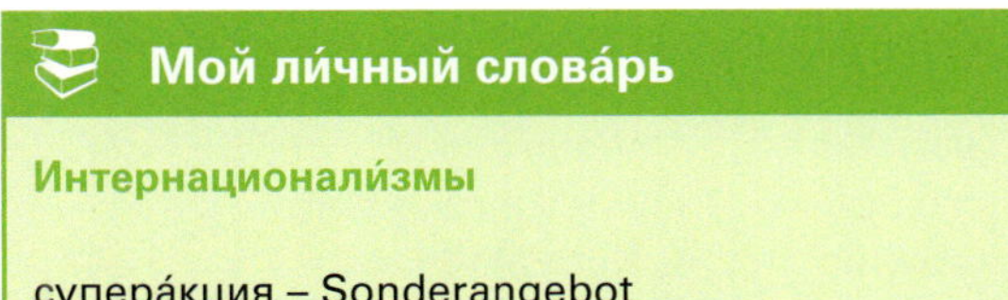

Мой ли́чный словáрь

Интернационали́змы

суперáкция – Sonderangebot

вечери́нка	Party, Fest
> вéчер	> Abend
круглосýточный магази́н	durchgehend geöffnetes Geschäft
апельси́новый сок	Orangensaft
апельси́н	Orange
картóшка; *Gen. Pl.* **картóшек** *(meist nur Sg.)*	Kartoffel, Kartoffeln
покýпка	Einkauf, Kauf
> покупáть	> kaufen
пригласи́ть *vo.*	einladen
> приглашáть *uv.*	
шашлы́к	Schaschlik
Лéна хóчет пригласи́ть друзéй на шашлыки́.	Lena will ihre Freunde zum Grillen einladen.
продýкты *Pl.; Gen. Pl.* **продýктов**	Lebensmittel
купи́/те *Imp. Sg./Pl.*	kauf/kauft, kaufen Sie
мя́со	Fleisch
водá; *Akk. Sg.* **вóду**	Wasser
спрáшивать/спроси́ть	fragen
óвощи *nur Pl.; Gen. Pl.* **овощéй**	Gemüse

Текст А: Покýпки

продавéц (*Gen.* **продавцá**)/ **продавщи́ца**	Verkäufer(in)
возьми́/те *Imp. Sg./Pl.*	nimm/nehmt, nehmen Sie
готóвый, -ая, -ое, -ые	fertig, bereit
> готóвить	> vorbereiten, zubereiten

Die Grundzahlen 70–199			§ 18
сéмьдесят	70	сто	100
вóсемьдесят	80	сто пять	105
девянóсто	90	сто сóрок два	142

Das Substantiv nach den Grundzahlen ab 5		§ 19
5–20, 25–30, 35–40 usw.	учени**кóв**	Genitiv Plural
21, 31, 41 usw.	учени́к	Nominativ Singular
22–24, 32–34, 42–44 usw.	учени**кá**	Genitiv Singular

полкилó	halbes Kilo, Pfund
дóрого *Adv.*	teuer
Э́то сли́шком дóрого.	Das ist zu teuer.
кýрица	Huhn
дёшево *Adv.*	billig
≠ дóрого	≠ teuer
Кýрица дёшево стóит.	Das Huhn ist billig.
килогрáмм; *Gen. Pl.* **килогрáмм** *oder* **килогрáммов**	Kilogramm
взять *vo.*	nehmen
возьмý, возьмёшь, возьмýт	
дéньги *nur Pl.; Gen.* **дéнег**	Geld
Блин! *ugs.*	Mist! *ugs.*
соси́ска; *Gen. Pl.* **соси́сок**	Würstchen
горчи́ца	Senf
вкýсно *Adv.*	lecker
нáдо *unpers.*	nötig sein, müssen

Bedeutung und Gebrauch von **нáдо** – *müssen* § 20	
Клáсс**у нáдо** знать об э́том.	Die Klasse muss das wissen.
Тебé не **нáдо** помогáть.	Du musst nicht helfen.
Э́тот фильм **нáдо** посмотрéть.	Diesen Film muss man sehen.
(Комý = **Dativ**) + (не) **нáдо** + Infinitiv	

лук *nur Sg.*	Zwiebel(n)
Нам нáдо купи́ть лук.	Wir müssen Zwiebeln kaufen.
помидóр	Tomate
огурéц; *Gen.* **огурцá**	Gurke
Ты что!?	Spinnst du?
мáло *(+ Gen.)*	wenig
≠ мнóго *(+ Gen.)*	≠ viel
нéсколько *(+ Gen.)*	einige, ein paar
Дáйте нам нéсколько огурцóв.	Geben Sie uns einige Gurken.
виногрáд *nur Sg.*	Weintrauben

Упражне́ния А

дешёвый, -ая, -ое, -ые	billig
покупа́тель/ покупа́тельница	Käufer(in)
> покупа́ть	> kaufen
> поку́пка	> Einkauf, Kauf
цена́; *Akk.* **це́ну**, *Nom. Pl.* **це́ны**	Preis
яйцо́; Nom. *Pl.* **я́йца**, *Gen. Pl.* **яи́ц**	Ei
буты́лка; *Gen. Pl.* **буты́лок**	Flasche
минера́льная вода́	Mineralwasser
литр	Liter
грамм; *Gen. Pl.* **гра́мм** *oder* **гра́ммов**	Gramm
колбаса́	Wurst
с вас … рубль/рубля́/ рубле́й	(ich bekomme) von Ihnen … Rubel

Текст Б: У Ле́ны до́ма

Мой ли́чный слова́рь

Интернационали́змы

ками́н, миллио́н, по́стер

шика́рный (-ая, -ое, -ые) – schick, музыка́льный центр – Stereoanlage, CD-пле́ер – CD-Player

пе́рвый раз	*hier:* zum ersten Mal
быть в гостя́х (у + *Gen.)*	zu Besuch sein (bei)
Ру́сский учени́к у меня́ в гостя́х.	Ein russischer Schüler ist zu Besuch bei mir.
проходи́/те *Imp. Sg./Pl.*	*hier:* komm (he)rein/ kommt (he)rein, kommen Sie (he)rein
двухко́мнатная кварти́ра	Zweizimmerwohnung

Мой ли́чный слова́рь

Те́ма: Ко́мнаты

ва́нная	Bad, Badezimmer
в ва́нной	im Bad(ezimmer)
гости́ная	Wohnzimmer
в гости́ной	im Wohnzimmer
коридо́р	Korridor, Flur
ку́хня; *Gen. Pl.* **ку́хонь**	Küche
на ку́хне	in der Küche
спа́льня	Schlafzimmer
столо́вая	Esszimmer; Kantine
в столо́вой	im Esszimmer; in der Kantine
туале́т	Toilette
де́тская	Kinderzimmer
в де́тской	im Kinderzimmer

Мой ли́чный слова́рь

Те́ма: Wohnungseinrichtung

гардеро́б – Garderobe
дива́н – Sofa
карти́на – Bild, Gemälde
ковёр; *Gen.* **ковра́** – Teppich
кре́сло; *Gen. Pl.* **кре́сел** – Sessel
крова́ть *f.* – Bett
ме́бель *f. nur Sg.* – Möbel *Pl.*
пи́сьменный стол – Schreibtisch
по́лка – Regal
стул; *Nom. Pl.* **сту́лья**, *Gen. Pl.* **сту́льев** – Stuhl
шкаф, в шкафу́ – Schrank, im Schrank

ва́нна – Badewanne
гарди́на – Gardine
душ – Dusche

Substantive mit Adjektivendung §21

Einige Substantive haben eine Adjektivendung und werden auch wie Adjektive dekliniert, z. B. ва́нная, гости́ная, столо́вая, моро́женое.

наш, на́ша, на́ше	unser(e)
эта́ж; *Gen.* **этажа́**	Stockwerk, Etage
на пе́рвом этаже́	im Erdgeschoss
на второ́м этаже́	im ersten Stock
ря́дом с (+ *Instr.)*	neben
ря́дом с ку́хней	neben der Küche
огро́мный, -ая, -ое, -ые	riesig

де́тский, -ая, -ое, -ие	Kinder-
над *(+ Instr.)*	über
над ками́ном	über dem Kamin
свои́м друзья́м	*hier:* ihren Freunden
за *(+ Instr.)*	hinter
за кре́слом	hinter dem Sessel
за столо́м	am Tisch
откро́й/те! *Imp. Sg./Pl.*	mach auf/macht auf, machen Sie auf
дверь *f.*	Tür
Ви́тя, откро́й дверь.	Witja, mach die Tür auf.
попуга́й	Papagei
У́жин/Сала́т гото́в.	Das Abendessen/ Der Salat ist fertig.
закрыва́ть/закры́ть	schließen, zumachen

Упражне́ния Б

висе́ть *uv.*	hängen
он/она́/оно́ виси́т, они́ вися́т	
пол	Fußboden
на полу́	auf dem Fußboden
му́ха	Fliege
под *(+ Instr.)*	unter
под столо́м	unter dem Tisch
фле́шка [-э-]; *Gen. Pl.* **фле́шек**	USB-Stick
ваш, ва́ша, ва́ше	euer, eure; Ihr(e)

Die Deklination der **Possessivpronomen** (Singular) (1) § 23

Kasus	**m.**	**n.**	**f.**
Nom.	мой	моё	моя́
Gen.	моего́	моего́	мое́й
Dat.	моему́	моему́	мое́й
Akk.	мой/моего́[1]	моё	мою́
Instr.	мои́м	мои́м	мое́й
Präp.	(о) моём	(о) моём	(о) мое́й

[1] Nom. vor unbelebten, Gen. vor belebten Substantiven

Ebenso wird **твой** dekliniert.

Die Deklination der **Possessivpronomen** (Singular) (2) § 23

Kasus	**m.**	**n.**	**f.**
Nom.	на́ш	на́ше	на́ша
Gen.	на́шего	на́шего	на́шей
Dat.	на́шему	на́шему	на́шей
Akk.	на́ш/нашего[1]	на́ше	на́шу
Instr.	на́шим	на́шим	на́шей
Präp.	(о) на́шем	(о) на́шем	(о) на́шей

[1] Nom. vor unbelebten, Gen. vor belebten Substantiven

Ebenso wird **ваш** dekliniert.

сло́жный, -ая, -ое, -ые	kompliziert, schwierig
нельзя́	man darf/soll nicht

Уро́к 5

Старт: Где мы у́чимся

гимна́зия	Gymnasium
учи́ться	lernen, studieren
учу́сь, у́чишься, у́чатся	
> учи́ть	> lernen
> учи́тель/учи́тельница	> Lehrer(in)
дежу́рить	Dienst haben
дежу́рный, -ая, -ое, -ые	vom Dienst, diensthabend
ко́нкурс по рисова́нию	Zeichenwettbewerb
дежу́рство	(Aufräum-)Dienst
после́дний, -яя, -ее, -ие	letzte(r)
≠ пе́рвый	≠ erster

Die Deklination der **Adjektive** (weicher Stammauslaut) § 24

Kasus	Singular			Plural
	m.	**n.**	**f.**	
Nom.	зи́мний	зи́мнее	зи́мняя	зи́мние
Gen.	зи́мнего	зи́мнего	зи́мней	зи́мних
Dat.	зи́мнему	зи́мнему	зи́мней	зи́мним
Akk.	= Nom./ Gen.[1]	зи́мнее	зи́мнюю	= Nom./ Gen.[1]
Instr.	зи́мним	зи́мним	зи́мней	зи́мними
Präp.	зи́мнем	зи́мнем	зи́мней	зи́мних

[1] Nom. bei unbelebten, Gen. bei belebten Substantiven

оце́нка	(Schul-)Note

Мой ли́чный слова́рь

Те́ма: Оце́нки

пятёрка – Fünf *(beste Schulnote in Russland)*
четвёрка – Vier
тро́йка – Drei
дво́йка – Zwei
едини́ца – Eins *(schlechteste Schulnote in Russland)*

зубри́ла *m./f.*	Streber(in)
ле́тний, -яя, -ее, -ие	sommerlich, Sommer-
> ле́то	> Sommer
контро́льная рабо́та	Klassenarbeit
весе́нний, -яя, -ее, -ие	Frühlings-
> весна́	> Frühling
зи́мний, -яя, -ее, -ие	winterlich, Winter-
> зима́	> Winter
осе́нний, -яя, -ее, -ие	herbstlich, Herbst-
> о́сень	> Herbst
дома́шний, -яя, -ее, -ие	Haus-
> дом	> Haus
дома́шнее зада́ние	Hausaufgabe
с *(+ Gen.)* **… по** *(+ Akk.)*	von … bis (einschließlich)
с ию́ня по а́вгуст	von Juni bis (einschließlich) August
гото́виться/ подгото́виться *(к + Dat.)*	sich vorbereiten
> гото́вый	> fertig, bereit
Мне на́до гото́виться к рефера́ту.	Ich muss mich auf das Referat vorbereiten.
пло́хо *Adv.*	schlecht

Мой ли́чный слова́рь

Те́ма: Предме́ты

предме́т – (Unterrichts-)Fach; Gegenstand
биоло́гия – Biologie
геогра́фия – Geografie, Erdkunde
исто́рия – Geschichte
рисова́ние – Zeichnen, Kunst
труд – Werkunterricht, Arbeitslehre
фи́зика – Physik
физкульту́ра – Sport
хи́мия – Chemie
англи́йский (язы́к) – Englisch
францу́зский (язы́к) – Französisch
лати́нский (язы́к) – Latein
испа́нский (язы́к) – Spanisch
э́тика – Ethik

Мой ли́чный слова́рь

Те́ма: Предме́ты

рели́гия – Religion

Diese Fächer kennst du schon:
матема́тика, информа́тика, литерату́ра, ру́сский язы́к, неме́цкий язы́к

Текст А: Уро́к труда́

разгова́ривать *uv.*	sprechen, reden, sich unterhalten
> разгово́р	> Gespräch
> говори́ть	> sprechen, sagen
выходны́е (дни)	arbeitsfreie Tage, Wochenende
на выходны́х	am Wochenende

Das zusammengesetzte Futur		§ 25
я	бу́ду	
ты	бу́дешь	
он/она́/оно́	бу́дет	+ uv. Infinitiv (z. B. писа́ть)
мы	бу́дем	
вы	бу́дете	
они́	бу́дут	

англи́йский, -ая, -ое, -ие	englisch
сле́дующий, -ая, -ее, -ие	nächste(r), folgende(r)
на сле́дующей неде́ле	nächste Woche
на сле́дующий день	am nächsten Tag
девчо́нка *ugs.*	Mädchen, Mädel
опа́здывать/опозда́ть	sich verspäten
Я опозда́л на уро́к.	Ich bin zu spät zum Unterricht gekommen.
есть	essen
ем, ешь, ест, еди́м, еди́те, едя́т	
Уф!	Puh!
шко́льный, -ая, -ое, -ые	Schul-
двор; *Gen.* **двора́**	Hof
шко́льный двор	Schulhof
нече́стно	*hier:* ungerecht
с утра́ до ве́чера	von morgens bis abends
пить	trinken
пью, пьёшь, пьют	

Упражнения А

рабо́тник/рабо́тница	Arbeiter(in)
> рабо́тать	> arbeiten
чита́тель/чита́тельница	Leser(in)
футбо́льный, -ая, -ое, -ые	Fußball-
жи́тель *m.*	Einwohner
вече́рний, -яя, -ее, -ие	abendlich, Abend-
> ве́чер	> Abend
расписа́ние	Plan; Fahrplan
> писа́ть	> schreiben
расписа́ние уро́ков	Stundenplan
начина́ться *uv.*	anfangen, beginnen
конча́ться *uv.*	enden, zu Ende gehen/sein
> коне́ц	> Ende
забыва́ть/забы́ть	vergessen
проспа́ть *vo.*	verschlafen
> спать	> schlafen

Текст Б: Шко́льный интерне́т-фо́рум

Мой ли́чный слова́рь

Интернационали́змы

интерне́т-фо́рум, эколо́гия

про́тив *(+ Gen.)*	gegen
Я про́тив дежу́рства.	Ich bin gegen Aufräumdienst.
сме́нка	*hier:* Wechselschuhe
чи́сто *Adv.*	sauber
когда́	wenn
кото́рый, -ая, -ое, -ые	welcher, der

Der Relativsatz mit кото́рый – *welcher, der* § 26

Hauptsatz mit Bezugswort	Relativsatz mit Relativpronomen
Э́то челове́к,	**кото́рый** помога́ет пацие́нтам. **к которому** иду́т пацие́нты.

Mit dem Bezugswort stimmt кото́рый in Genus und Numerus überein.
Der Kasus hängt von der Funktion ab, die кото́рый im Nebensatz hat.

носи́ть *uv.*	tragen
ношу́, но́сишь, но́сят	
фо́рма	(Schul-)Uniform
удо́бно *Adv.*	bequem
за *(+ Akk.)*	für
≠ про́тив *(+ Gen.)*	≠ gegen
Я за фо́рму.	Ich bin für die Schuluniform.
по-мо́ему	meiner Meinung nach
убира́ть/убра́ть	aufräumen, in Ordnung bringen
У нас вре́мени нет.	Wir haben keine Zeit.
вы́ставка	Ausstellung
кружо́к; *Gen.* **кружка́**	*hier:* Arbeitsgemeinschaft

Упражне́ния Б

доска́	Tafel
тайга́	Taiga
живо́тное	Tier
дома́шнее живо́тное	Haustier

Уро́к 6

Die Уро́к 6 ist komplett fakultativ. Die folgenden Wörter musst du also nur lernen, wenn du die Übungen dieser Lektion bearbeitest.

Медве́ди в Росси́и

 **Мой ли́чный слова́рь**

Интернационали́змы

ассисте́нт

медве́дь *m.*	Bär
альбо́м	Album
бе́лый медве́дь	Eisbär
цирк	Zirkus

Медве́дь как си́мвол

 **Мой ли́чный слова́рь**

Интернационали́змы

талисма́н, Олимпи́йские и́гры

конфе́та – Bonbon, Praline

мно́гие	viele, manche
игру́шка	Spielzeug
> игра́	> Spiel
> игра́ть	> spielen
медве́дица	Bärin
Больша́я Медве́дица	der Große Bär (Sternbild)
встреча́ть/встре́тить	treffen

Два дру́га

 **Мой ли́чный слова́рь**

Интернационали́змы

пантоми́ма

де́рево; *Nom. Pl.* дере́вья	Baum
лицо́	Gesicht
ню́хать/поню́хать	riechen, schnuppern
мёртвый, -ая, -ое, -ые	tot
дыша́ть	atmen
подходи́ть/подойти́	herankommen
тру́дный, -ая, -ое, -ые	schwierig
ситуа́ция	Situation, Lage
убега́ть/убежа́ть	davonlaufen

Пётр и Ми́ша

Мой ли́чный слова́рь

Интернационали́змы

Япо́ния – Japan, япо́нский (-ая, -ое, -ие) – japanisch, зоопа́рк – zoologischer Garten, Zoo, реабилитацио́нный центр – Rehabilitationszentrum

медвежо́нок; *Nom. Pl.* медвежа́та	Bärenjunges
роди́ться	geboren werden/sein
остава́ться/оста́ться	bleiben
бу́рый медве́дь	Braunbär
охо́тник	Jäger
убива́ть/уби́ть	töten

Мой ли́чный слова́рь

Те́ма: Дома́шние живо́тные

канаре́йка – Kanarienvogel, хомя́к – Hamster, черепа́ха – Schildkröte, морска́я сви́нка – Meerschweinchen, золота́я ры́бка – Goldfisch, аква́риум – Aquarium

Ска́зка «Три медве́дя»

ска́зка	Märchen
ча́шка	Tasse, *hier:* Suppentasse
ло́жка	Löffel
сре́дний, -яя, -ее, -ие	mittler(r), Mittel-
Они́ пришли́ домо́й.	Sie kamen nach Hause.
Мишу́тка	*Dim.* von Ми́ша (Михайл)
Их не́‿было до́ма.	Sie waren nicht zu Hause.
съесть *vo.*	aufessen
полежа́ть *vo.*	ein wenig/eine Weile liegen
Крова́ть была́ ей как раз.	Das Bett war gerade richtig für sie.

заснýть *vo.*	einschlafen
закричáть *vo.*	anfangen zu schreien

Медвéдь на велосипéде

Мой ли́чный словáрь

Интернационали́змы

дрессировáть, цирковóй манéж

вéсить – wiegen

дрессирóванный, -ая, -ое, -ые	dressiert
дрессирóванный медвéдь	Tanzbär

Ли́чный словáрь – ключи́

Hier kannst du überprüfen, ob du die Wörter des ли́чный словáрь richtig übersetzt hast.

Урóк 1: акти́вный – aktiv, пáльма – Palme, рáфтинг – Rafting, дисципли́на – Disziplin, áдрес – Adresse

Урóк 2: оркéстр – Orchester, рок-мýзыка – Rockmusik, фестивáль *m.* – Festival, архитéктор – Architekt

Урóк 3: ви́део – Video, ви́део-портрéт – Videoporträt, экспонáт – Exponat/Ausstellungsstück, план – Plan, тур – Tour, презентáция – Präsentation спóнсор – Sponsor, стоп – Stopp, оригинáльный – original/originell

Урóк 4: ками́н – Kamin, миллиóн – Million, пóстер – Poster

Урóк 5: интернéт-фóрум – Internetforum, эколóгия – Ökologie

Урóк 6: ассистéнт – Assistent, талисмáн – Talisman, Олимпи́йские и́гры – Olympische Spiele, пантоми́ма – Pantomime, дрессировáть – dressieren, цирковóй манéж – (Zirkus-)Manege

Алфави́тный слова́рь – Alphabetisches Wörterverzeichnis

In diesem alphabetischen Wörterverzeichnis findest du alle in Конечно! verwendeten Wörter und Ausdrücke. Die russisch-deutsche Wortliste dient dem Nachschlagen, die deutsch-russische Wortliste wird dir bei Schreibaufgaben helfen. Die Ziffern und Buchstaben hinter den Vokabeln geben den Ort an, an dem das Wort zum ersten Mal vorkommt.

Abkürzungen

Das Wort findest du zum ersten Mal im:

2С	Старт-Teil der Lektion 2
3ТА	А-Text der Lektion 3
4УА	Übungsteil (упражнения) zum А-Text der Lektion 4
5ТБ	Б-Text der Lektion 5
5УБ	Übungsteil (упражнения) zum Б-Text der Lektion 5
I	Конечно! Band 1

А

а I und *(als Gegensatz)*, aber
а́вгуст I August
авто́бус I Autobus
а́дрес 1УБ Adresse
акти́вный, -ая, -ое, -ые 1С aktiv
а́ктовый зал I Aula
Алло́? **I** Hallo? *(am Telefon)*
алфави́т I Alphabet
англи́йский, -ая, -ое, -ие 5ТА englisch
англи́йский язы́к 5С englische Sprache; Englisch
апельси́н 4С Orange
апельси́новый сок 4С Orangensaft
аппети́т: Прия́тного аппети́та! I Guten Appetit!
апре́ль *m.* **I** April
апте́ка I Apotheke
архите́ктор 2УБ Architekt
аутса́йдер I Außenseiter
аэропо́рт I Flughafen

Б

ба́бушка I Großmutter, Oma
Байка́л 1ТА Baikal(see)
балала́йка I Balalaika
бале́т 2ТА Ballett
ба́льные та́нцы *Pl.* I Standardtänze
бана́н 1ТА Banane; *hier:* „Bananenboot"
банк I Bank
баскетбо́л I Basketball
бассе́йн 1ТА Schwimmbad, Pool
ба́шня 3С Turm
беда́ I Unglück, Not
без *(+ Gen.)* **2ТА** ohne
бе́лый, -ая, -ое, -ые I weiß
Бе́лые но́чи 2ТА Weiße Nächte
бе́рег Ufer
библиоте́ка I Bibliothek
биле́т 2УБ Fahrkarte, Eintrittskarte
би́нго I Bingo (Spiel)
биоло́гия 5С Biologie
Блин! *ugs.* 4ТА Mist! *ugs.*
бо́льше 2ТА mehr
большо́й, -а́я, -о́е, -и́е I groß
борт 2ТБ Bord
борщ I Borschtsch *(Rote-Bete-Suppe)*
брат I Bruder
брейк-да́нсер 2ТБ Breakdancer
броса́ть *uv.* 2ТБ werfen
брю́ки *nur Pl.* I Hose, Hosen
бу́дет I *hier:* ist gleich
бульо́н I Bouillon, Kraftbrühe
бути́к 3ТА Boutique
буты́лка 4УА Flasche
буфе́т I Büfett, Speisesaal, Imbiss
бы́стро I schnell
быть I sein
мо́жет быть I vielleicht
бюро́ *indekl.* I Büro

В

в *(+Akk./Präp.)* **I** in/im
ваго́н I Waggon
ва́нна 4ТБ Badewanne
ва́нная 4ТБ Bad, Badezimmer
варе́нье I Konfitüre
Вау! I Wow!
ваш, ва́ша, ва́ше 4УБ euer, eure; Ihr(e)
вдруг 1УБ plötzlich
веду́щая 1ТА Moderatorin
ведь I doch, ja
велосипе́д I Fahrrad
велоспо́рт I Radsport
весёлый, -ая, -ое, -ые 2ТА lustig
весе́нний, -яя, -ее, -ие 5С Frühlings-
весна́ I Frühling
весно́й I im Frühling
ве́чер I Abend
До́брый ве́чер! I Guten Abend!
ве́чером I abends, am Abend
с утра́ до ве́чера 5ТА von morgens bis abends
вечери́нка 4С Party, Fest
вече́рний, -яя, -ее, -ие 5УА abendlich, Abend-

взволнова́ться *vo.* **3ТБ** sich aufregen, aufgeregt sein
взять *vo.* **2ТА** nehmen
ви́деть *uv.* **I** sehen
виногра́д *nur Sg.* **4ТА** Weintrauben
висе́ть 4УБ hängen
вку́сно *Adv.* **4ТА** lecker
вку́сный, -ая, -ое, -ые 3С lecker
вме́сте I zusammen
внима́тельно I aufmerksam
вода́ 4С Wasser
возьми́/те 4ТА nimm/nehmt, nehmen Sie
вокза́л 3ТА Bahnhof
волейбо́л I Volleyball
волнова́ться *uv.* **3ТБ** sich aufregen, aufgeregt sein
вор 3ТБ Dieb
восемна́дцать I achtzehn
во́семь I acht
во́семьдесят 4ТА achtzig
воскресе́нье I Sonntag
восто́к 3УА Osten
вот I da (ist), hier (ist)
Вот как! I Na also! Da sieh mal einer an!
Вперёд! I Vorwärts!, *hier:* Los!
врач I Arzt, Ärztin
вре́мя *n.* **I** Zeit
свобо́дное вре́мя I Freizeit
во вре́мя *(+ Gen.)* **1УА** während
У нас вре́мени нет. 5ТБ Wir haben keine Zeit.
всё *n.* **I** alles
все *Pl.* **I** alle
всегда́ I immer
всего́ до́брого I alles Gute
всего́ хоро́шего I alles Gute
встава́ть *uv.* **I** aufstehen
встреча́ться/встре́титься 3ТБ sich treffen
вто́рник I Dienstag
вход I Eingang
вчера́ 1С gestern
вы I ihr/Sie
вы́ставка 5ТБ Ausstellung
выходно́й день I Feiertag
выходны́е (дни) 5ТА arbeitsfreie Tage, Wochenende

Г

газе́та I Zeitung
га́мбургер I Hamburger
гардеро́б 4ТБ Garderobe
гарди́на 4УБ Gardine, Vorhang
где? I wo?
геогра́фия 5С Geografie, Erdkunde
гига́нтский, -ая, -ое, -ие 3ТА gigantisch
гид 2ТА Führer, Touristenführer
гимна́зия 5С Gymnasium
гимна́стика I Gymnastik, Turnen
гита́ра I Gitarre
гитари́ст I Gitarrist
гла́вный, -ая, -ое, -ые I Haupt-
глубоко́ I tief
гм I hm
говори́ть *uv.* **I** sprechen, sagen
говоря́т 2ТА *hier:* man sagt
год I Jahr
в э́том году 1ТА in diesem Jahr
Но́вый год I Neujahr/Silvester
голова́ I Kopf
голубо́й, -а́я, -о́е, -ы́е I hellblau
гора́ 1ТА Berg
го́род (г.) I Stadt
горчи́ца 4ТА Senf
гости́ная 4ТБ Wohnzimmer
гости́ница 1ТА Hotel
гость *m.* **I** Gast
идти́/е́хать в го́сти I (jmdn.) besuchen
быть в гостя́х *(у+ Gen.)* **4ТБ** zu Besuch sein (bei)
гото́вить *uv.* **I** vorbereiten; zubereiten, kochen
гото́виться *uv.* **5С** sich vorbereiten
гото́вый, -ая, -ое, -ые 4ТА fertig, bereit
гра́дус 1УБ Grad
грамм 4УА Gramm
грамма́тика I Grammatik
грани́ца 1ТА Grenze
за грани́цей 1ТА im Ausland
гриб 1С Pilz
грипп I Grippe
гру́ппа I Gruppe, *hier:* Band
гуля́ть I spazieren gehen
гуля́ш I Gulasch

Д

да I ja
Дава́й! *Imp. Sg.* **I** Los geht's! Auf geht's!
да́же 1С sogar
да́й/те *Imp. Sg./Pl.* **I** gib/gebt, geben Sie
далеко́ I weit
да́льше I weiter
дари́ть *uv.* **I** schenken
да́ча 1С Wochenendhaus, Datscha
два I zwei
два́дцать I zwanzig
двена́дцать I zwölf
дверь *f.* **4ТБ** Tür
Две́ри закрыва́ются! I Die Türen schließen!
дво́йка 5С Zwei *(russ. Schulnote)*
двор 5ТА Hof
дворе́ц 2С Palast
двухко́мнатная кварти́ра 4ТБ Zweizimmerwohnung
де́вочка 2ТА Mädchen
девчо́нка 5ТА Mädchen, Mädel
девяно́сто 4ТА neunzig
девятна́дцать I neunzehn
де́вять I neun
Дед Моро́з I Weihnachtsmann
де́душка I Großvater, Opa
дежу́рить 5С Dienst haben
дежу́рный, -ая, -ое, -ые 5С vom Dienst, diensthabend
дежу́рство 5С (Aufräum-)Dienst
действи́тельно 3ТБ tatsächlich
дека́брь *m.* **I** Dezember
де́лать *uv.* **I** tun, machen
де́лать уро́ки *nur Pl.* **I** Hausaufgaben machen
день *m.* **I** Tag
До́брый день! I Guten Tag!
день рожде́ния I Geburtstag
День свято́го Валенти́на I Valentinstag
днём 2ТА tagsüber
де́ньги *nur Pl.* **4ТА** Geld
дере́вня 1ТА Dorf
де́сять I zehn
детекти́в 3ТБ *hier:* Krimi
де́ти *Pl.* **I** Kinder
де́тский, -ая, -ое, -ие 4ТБ Kinder-
де́тская 4ТБ Kinderzimmer

дешёвый, -ая, -ое, -ые 4УА
дёшево *Adv.* **4ТА** billig
джи́нсы *Pl.* **I** Jeans
дзюдó *indekl.* I Judo
дива́н 4ТБ Sofa
диза́йнер I Designer(in)
дире́ктор 2С Direktor(in)
дискоте́ка I Diskothek
дискути́ровать *uv.* 2УБ diskutieren
дисципли́на 1ТБ Disziplin
для *(+ Gen.)* **I** für
до *(+ Gen.)* **I** bis
До за́втра! I Bis morgen!
До свида́ния! I Auf Wiedersehen!
Добро́ пожа́ловать! *(в/на + Akk.)* **I** Herzlich Willkommen!
дождь *m.* **1ТБ** Regen
дождь идёт/шёл 1ТБ es regnet/es hat geregnet
докуме́нт I Dokument
до́лго 1ТБ lange
до́лжен, должна́, должно́, должны́ *(+ Inf.)* **3ТА** müssen, sollen
дом I Haus
до́ма I zu Hause
дома́шний, -яя, -ее, -ие 5С Haus-
домо́й I nach Hause
до́рого *Adv.* **4ТА** teuer
дорого́й, -а́я, -о́е, -и́е I lieb, teuer
доска́ 5УБ Tafel
достопримеча́тельность *f.* **I** Sehenswürdigkeit
друг; *Nom. Pl.* **друзья́ I, 1С** Freund
настоя́щий друг I echter Freund
друго́й, -а́я, -о́е, -и́е 1С andere
ду́мать *uv.* **I** denken
душ 4ТБ Dusche

Е

e-mail; *Pl.* **еме́йлы I** E-Mail
е́вро *m., indekl.* I Euro
Еги́пет 1С Ägypten
его́ I sein(e)
едини́ца 5С Eins *(russ. Schulnote)*
её I ihr(e)

е́здить *unbest., uv.* **I** fahren
ёлка I *hier:* Weihnachtsbaum
есть I es gibt, es ist vorhanden
есть 5ТА essen
е́хать *best., uv.* **I** fahren
ещё I noch

Ж

жаль I schade
ждать *uv. (+ Akk.)* **I** warten (auf)
же I denn, doch
жела́ть *uv. (+ Dat. + Gen.)* **I** (jmdm. etw.) wünschen
жёлтый, -ая, -ое, -ые I gelb
Же́нский день I Frauentag
живо́тное 5УБ Tier
жи́тель *m.* 5УА Einwohner
жить I wohnen, leben
журна́л I Zeitschrift
журнали́ст(ка) I Journalist(in)
жюри́ *n., indekl.* 3ТБ Jury

З

за 4ТБ *(+ Instr.)* hinter
5ТБ *(+ Akk.)* für
забира́ть *uv.* I abholen
забыва́ть/забы́ть 5УА vergessen
за́втра I morgen
за́втрак I Frühstück
за́втракать *uv.* **I** frühstücken
загора́ть *uv.* **1ТА** sich sonnen
зада́ние I Aufgabe
закрыва́ть/закры́ть 4ТБ schließen, zumachen
зал I Saal, Halle
замеча́тельно I hervorragend, ausgezeichnet
занима́ться *uv. (+ Instr.)* **I** sich beschäftigen, treiben
за́пад 3УА Westen
заря́дка 1ТБ (Morgen-)Gymnastik
звони́ть *uv. (+ Dat.)* **I** anrufen, telefonieren
звоно́к I Klingel(zeichen), Läuten
зву́ки *Pl.* I Laute
зда́ние I Gebäude
здесь I hier
здо́рово I großartig
здоро́вье I Gesundheit
Здра́вствуй/те! I Guten Tag! Sei(d) gegrüßt!

зелёный, -ая, -ое, -ые I grün
земля́ 3УБ *hier:* Bundesland
зима́ I Winter
зимо́й I im Winter
зи́мний, -яя, -ее, -ие 5С winterlich, Winter-
знамени́тый, -ая, -ое, -ые I berühmt
знать *uv.* **I** wissen, kennen
зна́чит I das bedeutet, das heißt
зубри́ла *m./f.* 5С Streber(in)

И

и I und, auch
и … и I sowohl … als auch
игра́ 3УА Spiel
игра́ть *uv.* **I** spielen
иде́я I Idee
идти́ *best., uv.* **I** gehen
иди́/те *Imp. Sg./Pl.* **I** geh/geht, gehen Sie
идти́ в гости I besuchen
из *(+ Gen.)* **I** aus, von … her
Извини́ меня́! I Entschuldigung!
Извини́те! I Entschuldigt!/Entschuldigen Sie!
изуча́ть *uv.* I lernen, studieren
и́ли I oder
и́мя I (Vor-)Name
инжене́р I Ingenieur(in)
иногда́ 1ТБ manchmal
иностра́нный, -ая, -ое, -ые 3С ausländisch
интеракти́вный, -ая, -ое, ые I interaktiv
интервью́ *n., indekl.* 1ТБ Interview
интере́с 2УБ Interesse
интере́сно *Adv.* **I** interessant
мне не интере́сно 2ТБ es interessiert mich nicht
интере́сный, -ая, -ое, -ые 1УА interessant
интересова́ться *uv. (+ Instr.)* **2ТБ** sich interessieren (für)
интернациона́льный, -ая, -ое, -ые 1С international
Интерне́т I Internet
интерне́т-сайт 2ТА Internetseite
интерне́т-сёрфинг I Internet-Surfen
интерне́т-фо́рум 5ТБ Internetforum

интерпретировать *uv.* 2УБ interpretieren
информатика I Informatik
информировать *uv.* 2УБ informieren
Испания 1C Spanien
испанский язык 5C Spanisch
исторический, -ая, -ое, -ие 3C historisch
история 5C Geschichte
итак I also, nun
Италия 1C Italien
их I ihr(e)
июль *m.* **I** Juli
июнь *m.* **I** Juni
йогурт I Joghurt

К

к *(+ Dat.)* **I** zu
к сожалению I leider
кабинет 3C Büro, Arbeitszimmer; Unterrichtsraum
кабинет информатики I Computerraum
Кавказ 1TA Kaukasus
каждый, -ая, -ое, -ые 1ТБ jeder, jede, jedes; alle
Как дела? I Wie geht's?
как? I wie?
какао *indekl.* I Kakao
какой, -ая, -ое, -ие? I was für ein? welcher?
календарь *m.* I Kalender
камин 4ТБ Kamin
канал 2C Kanal
каникулы *nur Pl.* **1C** Ferien
мои идеальные каникулы 1TA meine idealen Ferien, meine Traumferien
капустник I bunter Abend, *hier:* Schulkabarett
капучино I Cappuccino
карандаш I Bleistift
каратэ I Karate
карта I (Land-)Karte
картина 4ТБ Bild, Gemälde
картошка 4C Kartoffel, Kartoffeln
касса I Kasse
кассир I Kassierer(in)
кататься *uv.* **(на** *+ Präp.)* **I** (zum Vergnügen) fahren
кататься на лошадях 1TA reiten
кафе *n., indekl.* **I** Café
кафе-мороженое 3C Eiscafé
квартира 1ТБ Wohnung
квас I Kwass *(alkoholfreies Getränk)*
кепка I Kappe, Schirmmütze
кефир I Kefir
килограмм 4TA Kilogramm
кино *indekl.* **I** Kino
киоск 3TA Kiosk, Verkaufsstand
класс I Klasse, Klassenzimmer
классно *Adv.* **1C** klasse, toll
клуб I Klub
книга I Buch
книжный магазин 3TA Buchhandlung
ковёр 4УБ Teppich
когда I, 5ТБ wann; wenn
кого? I wen?
колбаса 4УА Wurst
коллаж I Collage
коллекция I Kollektion
комикс I Comic
комната I Zimmer
компот I Kompott
компьютер I Computer
компьютерная игра 3TA Computerspiel
кому? I wem?
конец 3УБ Ende
конечно I natürlich; na, klar!
конкурс 3C Wettbewerb, Preisausschreiben
континент I Kontinent
контрольная работа 5C Klassenarbeit
концерт I Konzert
кончаться *uv.* **5УА** enden, zu Ende gehen/sein
корабль *m.* **2C** Schiff
коридор 4ТБ Korridor, Flur
коричневый, -ая, -ое, -ые I braun
кости *Pl.* I *hier:* Würfel
костюм I Kostüm, Anzug
который, -ая, -ое, -ые 5ТБ welcher, der
Который час? I Wie viel Uhr (ist es)?
кофе *m., indekl.* I Kaffee
кошка 4УА Katze
красивый, -ая, -ое, -ые I schön, hübsch
красный, -ая, -ое, -ые I rot
Кремль *m.* **3C** Kreml
крепость *f.* **2C** Festung
кресло 4ТБ Sessel
критиковать *uv.* 2УБ kritisieren
кровать *f.* **4ТБ** Bett
крокодил 1УА Krokodil
кролик I Kaninchen
кружок 5ТБ *hier:* Arbeitsgemeinschaft
кто? I wer?
с кем? 2ТБ mit wem?
куда? I wohin?
культура 3УА Kultur
купаться *uv.* **1TA** baden
купи/те *Imp. Sg./Pl.* **4C** kauf/kauft, kaufen Sie
купить *vo.* **1ТБ** kaufen
курить *uv.* 1УА rauchen
курица 4TA Huhn
кухня 4ТБ Küche

Л

лагерь *m.* **1C** Lager, Camp
ладно I schon gut, OK
лампа 2TA Lampe
латинский язык 5C Latein
Лебединое озеро 2TA Schwanensee *(berühmtes Ballett von Tschaikowski)*
лёд I Eis
лежать *uv.* **I** liegen
лес 1TA Wald
лет *Gen. Pl. von* **год I** Jahre
летать *unbest., uv.* **I** fliegen
лететь *best., uv.* **I** fliegen
летний, -яя, -ее, -ие 5C sommerlich, Sommer-
лето I Sommer
летом I im Sommer
лимон I Zitrone
лимонад I Limonade
линейка I Lineal
литература I Literatur
литр 4УА Liter
ловить *uv.* **1TA** fangen
ловить рыбу 1TA angeln
лошади *Pl.* **I** Pferde
лук *nur Sg.* **4TA** Zwiebel(n)
лучше I besser
любимый, -ая, -ое, -ые I Lieblings-
любить *uv.* **I** lieben, mögen, gern haben
люди *Pl.* **I** Leute, Menschen

М

магази́н 2С Laden, Geschäft
круглосу́точный магази́н 4С durchgehend geöffnetes Geschäft
май I Mai
майоне́з I Mayonnaise
ма́ленький, -ая, -ое, -ие I klein
ма́ло *(+ Gen.)* **4ТА** wenig(e)
ма́льчик 2ТА Junge (bis 14 Jahre)
ма́ма I Mama, Mutti
ма́ркер I (Text-)Marker
март I März
маршру́тка I Sammeltaxi, Linienkleinbus
ма́сло I *hier:* Butter
матема́тика I Mathematik
матрёшка I Matrjoschka *(Holzpuppe in der Puppe)*
ма́унтинба́йк 1ТА Mountainbike
маши́на I Auto
ме́бель *f., nur Sg.* **4ТБ** Möbel *Pl.*
медкабине́т I Krankenstation
меня́ зову́т I ich heiße
ме́сто 3С Ort, Platz
ме́сяц I Monat
метро́ *indekl.* **I** U-Bahn, Metro
мили́ция 3ТБ Polizei
миллио́н 4ТБ Million
минера́льная вода́ 4УА Mineralwasser
ми́нус I minus
мину́та I Minute
мину́точку *Akk., Dim.* I einen Moment, einen Augenblick
я на мину́точку I ich bin gleich wieder zurück
мно́го *(+ Gen.)* **I, 2С** viel(e)
моби́льник I Handy
мо́да I Mode
моде́ль *f.* 4УА Model
мо́дный, -ая, -ое, -ые I modisch
мо́жно I, 1ТА man kann, man darf
мой, моя, моё I mein
Молоде́ц! I Bravo! Toll!
молодо́й, -а́я, -о́е, -ы́е I jung
молоко́ I Milch
моне́тка 2ТБ kleine Münze
мо́ре 1С Meer
моро́женое I (Speise-)Eis
москви́ч(ка) I Moskauer(in)
мост 2С Brücke
мото́р I Motor
мочь *uv.* **3ТБ** können, dürfen
мужчи́на *m.* **3ТБ** Mann
музе́й I Museum
му́зыка I Musik
музыка́льный центр 4УБ Stereoanlage
музыка́нт I Musiker
му́ха 4УБ Fliege
мы I wir
мы с *(+ Instr.)* **1УБ** ich und ...
мэр 3С Bürgermeister
мя́со 4С Fleisch

Н

на *(+ Akk./Präp.)* **I** in/im, auf
на неме́цком (языке́) I in deutscher Sprache/auf Deutsch
на сего́дня I für heute
на чём I *hier:* womit
наве́рное I wahrscheinlich
над *(+ Instr.)* **4ТБ** über
на́до *unpers.* **4ТА** nötig sein, müssen
назва́ние I Name, Benennung, Bezeichnung
называ́ться *uv.* **I** heißen
найти́ *vo.* **3ТБ** finden
наконе́ц 1ТБ endlich, schließlich
нале́во I nach links
намно́го I um vieles, viel
написа́ть *vo.* **1ТБ** schreiben
напи́ток I Getränk
напра́во I nach rechts
напро́тив *(+ Gen.)* **I** gegenüber
настоя́щий друг I echter Freund
находи́ться *uv.* **I** sich befinden
начина́ться *uv.* **5УА** anfangen, beginnen
наш, на́ша, на́ше 4ТБ unser(e)
не I nicht
не́ за что I *hier:* keine Ursache, nichts zu danken
недалеко́ (от *+ Gen.)* **I** nicht weit (von)
неде́ля I Woche
нельзя́ 4УБ man darf/soll nicht
неме́цкий язы́к I deutsche Sprache/Deutsch
на неме́цком (языке́) I in deutscher Sprache/auf Deutsch
необы́чный, -ая, -ое, -ые I ungewöhnlich
непло́хо I nicht schlecht, gut
непра́вильно 3УА nicht richtig, falsch
не́сколько *(+ Gen.)* **4ТА** einige, ein paar
нет I nein
нече́стно 5ТА *hier:* ungerecht
ничего́ [-ево] I *hier:* so lala I das macht nichts
но I aber, jedoch
но́вый, -ая, -ое, -ые I neu
Но́вый год I Neujahr
но́мер I Nummer
норма́льно I normal
носи́ть *uv.* **5ТБ** tragen
но́та I (Musik-)Note
ночь *f.* **2ТА** Nacht
но́чью 2ТА nachts
ноя́брь *m.* **I** November
нра́виться *uv.* **I** gefallen
ну I nun
ну и что? I na und?
Ну, ты даёшь! 3ТА Spinnst du?
ня́ня I Kindermädchen

О

о *(+ Präp.)* **I** über, von
о ком? 3УА über wen?
о себе́ I über sich selbst
о чём? I worüber?
обе́д I Mittagessen
обе́дать *uv.* **I** Mittag essen
обра́тно I zurück
объе́кт I Objekt
обы́чно I gewöhnlich
обяза́тельно 3ТА unbedingt
о́вощи *nur Pl.* **4С** Gemüse
огро́мный, -ая, -ое, -ые 4ТБ riesig
огуре́ц 4ТА Gurke
оде́жда I Kleidung
оди́н I eins
оди́ннадцать I elf
однокла́ссник/однокла́ссница I Mitschüler(in)
о́зеро 1ТА See *m.*
Ой! I Oh!
окно́ I Fenster
о́коло *(+ Gen.)* 2С neben, bei
октя́брь *m.* **I** Oktober
омле́т I Omelett, Eierkuchen

он I er
онá I sie *(3. Pers. Sg.)*
онú I sie *(3. Pers. Pl.)*
онó I es
опáздывать *uv.* I sich verspäten
опоздáть *vo.* **5ТА** sich verspäten
опя́ть **1ТБ** wieder, noch einmal
организовáть *vo.* 2УБ organisieren
оригинáльный, -ая, -ое, -ые 3ТБ original, originell
оркéстр 2С Orchester
осéнний, -яя, -ее, -ие **5С** herbstlich, Herbst-
óсень *f.* I Herbst
óсенью I im Herbst
осóбенно I besonders
Осторóжно! I Achtung! Vorsicht!
óстров **1С** Insel
от *(+ Gen.)* I von
отвечáть *uv.* I antworten
отдохнýть *vo.* **1УБ** sich erholen, sich ausruhen
óтдых **1С** Erholung, Entspannung
отдыхáть *uv.* I sich erholen, sich ausruhen
отéц I Vater
открóй/те! *Imp. Sg./Pl.* **4ТБ** mach auf/macht auf, machen Sie auf
откры́тие I Eröffnung
откры́тка **1ТБ** Postkarte
откýда **1ТА** woher
отли́чный, -ая, -ое, -ые **1ТБ** ausgezeichnet, hervorragend
óтчество **2УА** Vatersname
охрáнник I Wachmann
оцéнка **5С** (Schul-)Note
óчень I sehr

П

палáтка **1ТА** Zelt
пáльма 1С Palme
пальтó *indekl.* I Mantel
пáмятник *(+ Dat.)* **2ТБ** Denkmal
пáпа I Papa, Vati
папирóса 1УА Zigarette
пáпка I Schnellhefter, Aktenordner
парк I Park
парфюмéрия **3ТА** Parfümerie
пассажи́р I Passagier
Пáсха I Ostern
пациéнт I Patient
пельмéни *Pl.* I Pelmeni *(gefüllte Teigtaschen)*
пенáл I Federmappe
пéрвый I der erste
пéрвый раз **4ТБ** *hier:* zum ersten Mal
пéред *(+ Instr.)* **2ТБ** vor
петь I singen
пешкóм I zu Fuß
пиани́но *indekl.* I Klavier
пирами́да I Pyramide
писáть *uv.* I schreiben
пи́сьменный стол **4ТБ** Schreibtisch
письмó I Brief
пить *uv.* **5ТА** trinken
пи́цца I Pizza
план 3УА Plan
планéта I Planet
платфóрма I Bahnsteig
плóхо *Adv.* **5С** schlecht
плохóй, -áя, -óе, -и́е **5УБ** schlecht
плóщадь *f.* I Platz
плюс I plus
пляж **1ТА** Strand
по *(+ Dat.)* I in, durch
по следáм I auf den Spuren
по-рýсски I auf Russisch
по-турéцки 1УА auf Türkisch
погóда **1ТБ** Wetter
под *(+ Instr.)* **4УБ** unter
подáрок I Geschenk
подготóвиться *vo.* **5С** sich vorbereiten
подрýга I Freundin
пóезд I Zug
поéздка **3С** Reise
поéхать *vo.* **3ТБ** fahren, losfahren
пожáлуйста I bitte
позвони́ть *vo.* **1ТБ** anrufen
поздравлéние I Glückwunsch
поздравля́ть *uv. (+ Akk.* с *+ Instr.)* I (jmdm. zu etw.) gratulieren
пойти́ *vo.* **2УБ** gehen, losgehen
Покá! I Tschüss!
Покá-покá! *ugs.* I Tschüss!
покáз I Schau, Vorführung
покáзывать/показáть **3ТБ** zeigen
покажи́/те *Imp. Sg./Pl.* I zeig/zeigt, zeigen Sie
поклóнник I Verehrer
покупáтель/покупáтельница **4УА** Käufer(in)
покупáть *uv.* I kaufen
покýпка **4С** Einkauf, Kauf
пол **4УБ** Fußboden
пóлка **4ТБ** Regal
полкилó **4ТА** halbes Kilo, Pfund
положéние 3С *hier:* geografische Lage
получáть/получи́ть **I, 1ТБ** bekommen, erhalten
помидóр **4ТА** Tomate
помогáть *uv.* I helfen
по-мóему **5ТБ** meiner Meinung nach
понедéльник I Montag
понимáть *uv.* **1УА** verstehen
понрáвиться *vo.* **2ТА** gefallen
поп-мýзыка I Popmusik
попрóбовать *vo.* **2ТБ** probieren, versuchen
попугáй **4ТБ** Papagei
порá I es ist Zeit
посещáть/посети́ть **3ТБ** besuchen
пóсле *(+ Gen.)* I nach
послéдний, -яя, -ее, -ие **5С** letzte(r)
посмотрéть *vo.* **2УБ** schauen, anschauen
посовéтовать *vo.* **3С** raten, empfehlen
пóстер 4УБ Poster
пострóить *vo.* **2ТА** bauen, errichten
потóм I dann, danach
потомý что **1ТА** weil
почемý **1ТА** warum
пóчта **3ТА** Post
поэ́тому I deshalb, deswegen
прáвда? **2С** *hier:* nicht wahr?
прáвило I Regel
как прáвило I in der Regel
прáвильно I richtig
прáздник I Fest, Feiertag
Прáздник Весны́ и Трудá I Tag der Arbeit
предложéние **2С** Satz, Vorschlag
предмéт **5С** (Unterrichts-)Fach; Gegenstand
представля́ешь 1С stell dir vor
презентáция 3УА Präsentation
президéнт I Präsident(in)

прекра́сно *Adv.* | *hier:* hervorragend
прекра́сный, -ая, -ое, -ые 3С wunderschön
Приве́т! | Hallo!
приглаша́ть/пригласи́ть I, 4С einladen
приглаше́ние | Einladung
приезд: С прие́здом! | Willkommen!
приз 3С Preis
прия́тно | angenehm
Прия́тного аппети́та! | Guten Appetit!
про́бка | *hier:* Stau
пробле́ма | Problem
про́бовать *uv.* **2ТБ** probieren, versuchen
проводи́ть *uv.* **3ТБ** verbringen
програ́мма | Programm
продаве́ц 4ТА Verkäufer
продавщи́ца 4ТА Verkäuferin
проду́кты *Pl.* **4С** Lebensmittel
прое́кт | Projekt
проспа́ть *vo.* **5УА** verschlafen
про́сто | einfach
протестова́ть *uv.* 2УБ protestieren
про́тив *(+ Gen.)* **5ТБ** gegen
профессиона́льный, -ая, -ое, -ые | professionell, beruflich, Berufs-
профе́ссия 2УА Beruf
проходи/те *Imp. Sg./Pl.* 4ТБ komm (he)rein/kommt (he)rein, kommen Sie (he)rein
прочита́ть *vo.* **1ТБ** lesen
про́шлый, -ая, -ое, -ые 1ТА vergangen
пря́мо | geradeaus
пря́ник 3С Lebkuchen
пюре́ *indekl.* | (Kartoffel-)Püree
пятёрка 5С Fünf *(russ. Schulnote)*
пятна́дцать | fünfzehn
пя́тница | Freitag
пять | fünf
пятьдеся́т | fünfzig

Р

рабо́тать *uv.* | arbeiten, funktionieren
рабо́тник/рабо́тница 5УА Arbeiter(in)
ра́д(а) | froh, erfreut
мы ра́ды 3ТБ wir freuen uns
ра́дио *indekl.* | Radio
радиоста́нция 1ТА Radiosender
раз | mal
ра́зве | etwa
разгова́ривать *uv.* **5ТА** sprechen, reden, sich unterhalten
разгово́р 1УА Gespräch
разгово́р по телефо́ну | Telefongespräch
райо́н 3ТБ Stadtviertel
ра́но | früh
ра́ньше 2С früher
расписа́ние 5УА Plan; Fahrplan
располо́жен, -а, -о, -ы 3УА liegt, liegen *(sich befinden)*
рассказа́ть *vo.* **3С** erzählen
расска́зывать *uv.* | erzählen
ра́туша 3УБ Rathaus
ра́фтинг 1ТА Rafting
реаги́ровать *uv.* 2УБ reagieren
ребя́та *Pl.* | Jugendliche
Рейхста́г 1С Reichstag
река́ 2С Fluss
рекла́ма | Reklame, Werbung
рели́гия 5С Religion
ремонти́ровать *uv.* 2УБ reparieren
репети́ция | Probe, Theaterprobe
рестора́н | Restaurant
рефера́т | Referat
реша́ть/реши́ть I, 3ТА lösen; entscheiden, beschließen
рисова́ние 5С Zeichnen
рису́нок | Zeichnung
ри́фма | Reim
роди́тели *Pl.* | Eltern
родно́й, -а́я, -о́е, -ы́е 2УА Heimat-
Рождество́ | Weihnachten
ро́зовый, -ая, -ое, -ые | rosa
рок-му́зыка 2УА Rockmusik
руба́шка | Hemd
рубль *m.* | Rubel
с вас ... рубль/рубля́/рубле́й 4УА (ich bekomme) von Ihnen ... Rubel
ру́сский, -ая, -ое, -ие | russisch
по-ру́сски | auf Russisch
на ру́сском языке́ | in russischer Sprache/auf Russisch
ру́чка | Füller
ры́ба 1ТА Fisch
ры́нок 3ТА Markt
рэп | Rap
рэ́пер | Rapper
рюкза́к | Rucksack
ря́дом с *(+ Instr.)* **4ТБ** neben

С

с *(+ Instr.)* | mit
с кем? | mit wem?
С прие́здом! | Willkommen!
с удово́льствием | gern
с *(+ Gen.)* **... по** *(+ Akk.)* **5С** von ... bis (einschließlich)
сад 1С Garten
са́дик *Dim.* | Kindergarten
сала́т | Salat
самова́р | Samowar
самолёт | Flugzeug
сантиме́тр 2ТБ Zentimeter
са́хар | Zucker
свети́ть *uv.* **1ТБ** scheinen, leuchten
светло́ 2ТА hell
сви́тер | Pullover
свобо́дный, -ая, -ое, -ые | frei, Frei-
свобо́дное вре́мя | Freizeit
сво́дный брат | Stief-, Halbbruder
сде́лать *vo.* **1УБ** tun, machen
се́вер 3УА Norden
се́верный: Се́верная Вене́ция 2ТА Venedig des Nordens
Се́верные острова́ 2С Nördliche Inseln
сего́дня | heute
на сего́дня | für heute
сейча́с | jetzt, gleich
секре́т 1ТБ Geheimnis
семна́дцать | siebzehn
семь | sieben
се́мьдесят 4ТА siebzig
семья́ | Familie
сентя́брь *m.* | September
сестра́ | Schwester
сиде́ть *uv.* | sitzen
си́мвол | Symbol
симпати́чный, -ая, -ое, -ые 3С sympathisch, nett

систе́ма | System
сказа́ть *vo.* **1ТБ** sagen
скажи́/те *Imp. Sg./Pl.* **|** sag/sagt, sagen Sie
скаме́йка 3С (Sitz-)Bank
скейтбо́рд | Skateboard
скетч | Sketch
ско́лько *(+ Gen.)* **|** wie viel
ско́ро | bald
ску́чно 1С langweilig
сле́ва (от *+ Gen.)* **|** links (von)
сле́дующий, -ая, -ее, -ие 5ТА nächste(r), folgende(r)
сло́во | Wort
сло́жный, -ая, -ое, -ые 4УБ kompliziert, schwierig
слу́шать *uv.* **|** (zu-, an-)hören
слы́шать *uv.* | *(zufällig)* hören, vernehmen
сме́нка 5ТБ *hier:* Wechselschuhe
смета́на | saure Sahne
смешно́й, -а́я, -о́е, ы́е | lustig, komisch
смотре́ть *uv.* **|** anschauen
смотри́ *Imp. Sg.* | schau mal
смочь *vo.* **3ТБ** können, dürfen
сначала | zuerst, zunächst
снег 1УБ Schnee
снег идёт/шёл 1УБ es schneit/ hat geschneit
Снегу́рочка | Schneeflöckchen, Schneemädchen
снима́ть/снять 3ТА *hier:* aufnehmen, filmen
сноубо́рдинг | Snowboarding
соба́ка | Hund
собира́ть *uv.* **1С** sammeln
собо́р | Kathedrale
сове́товать *uv.* **3С** raten, empfehlen
совсе́м | überhaupt, ganz, völlig
сок | Saft
со́лнце 1С Sonne
со́ня *m., f.* | Schlafmütze
со́рок | vierzig
сосе́д(ка) | Nachbar(in)
сосиска 4ТА Würstchen
со́ус | Soße
сочине́ние 5ТА Aufsatz
спаге́тти *Pl.* **|** Spaghetti
спа́льня 4ТБ Schlafzimmer
спаси́бо | danke
спать *uv.* **|** schlafen

специали́ст | Spezialist
споко́йно | ruhig
спо́нсор 3ТБ Sponsor
спорт | Sport
спорти́вный, -ая, -ое, -ые 1С sportlich, Sport-
спортклу́б 3УБ Fitnessstudio
спортплоща́дка 3ТА Sportplatz
спорттова́ры 3ТА Sportwaren
спра́ва (от *+ Gen.)* **|** rechts (von)
спра́шивать/спроси́ть 4С fragen
среда́ | Mittwoch
стадио́н 2УА Stadion
старт | Start
ста́рый, -ая, -ое, ые | alt
стена́ 3ТА Mauer, Wand
стихи́ *Pl.* | Reime, Gedicht
сто 4ТА hundert
сто́ить *uv.* **|** kosten
стол | Tisch
столи́ца | Hauptstadt
столо́вая 4ТБ Esszimmer; Kantine
стоп 3ТБ Stopp
стоя́ть *uv.* **|** stehen
страна́ 1С Land
страте́гия | Strategie
стро́гий, -ая, -ое, -ие 1ТБ streng
стро́ить *uv.* **2ТА** bauen, errichten
студе́нт(ка) | Student(in)
стул 4ТБ Stuhl
суббо́та | Samstag
субъе́кт | Subjekt
сувени́ры *Pl.* | Souvenirs
су́мма | Summe
суп | Suppe
су́пер | super
суперáкция 4С Sonderangebot
суперма́ркет 3ТА Supermarkt
сфотографи́ровать *vo.* **2ТБ** fotografieren
схе́ма | Schema, *hier:* Plan, Übersicht
сце́на | Szene | Bühne
сце́нка | (Theater-)Szene
сча́стье | Glück
счита́ть *uv.* | rechnen, zählen
сюрпри́з | Überraschung

Т

тайга́ 5УБ Taiga
так | also, so
так говоря́т | so sagt man
та́к себе | es geht so, so lala
та́кже 3С auch, ebenso
такси́ *n., indekl.* **|** Taxi
такси́ст | Taxifahrer
такт | Takt
там | dort (ist)
танцева́ть *uv.* **2ТБ** tanzen
твой, твоя, твоё | dein
теа́тр | Theater
тебя́ зову́т | du heißt
текст | Text
телеви́зор | Fernseher
телефо́н | Telefon
те́ма 3С Thema
те́ннис | Tennis
тепе́рь | jetzt
тепло́ 1ТБ warm
те́хно | Techno *(Musikrichtung)*
тогда́ | so, dann
то́же | auch
то́лько | nur
торт | Torte
тра́ктор | Traktor
трамва́й | Straßenbahn
тра́нспорт | Verkehrsmittel
тре́нер | Trainer
трениро́вка | Training
тре́тий | der dritte
три | drei
три́дцать | dreißig
трина́дцать | dreizehn
тро́йка 5С Drei *(russ. Schulnote)*
тролле́йбус | O(berleitungs)-Bus
труд | Arbeit **5С** Werkunterricht, Arbeitslehre
тру́дно | schwierig, schwer
трэк | Track
туале́т 4ТБ Toilette
туда́ | dahin, dorthin
тульский, -ая, -ое, -ие 3С Tulaer, aus Tula stammend
тур 3УА Tour
тури́ст | Tourist
Ту́рция 1С Türkei
ту́фли *Pl.* **|** Schuhe
ты | du
Ты что!? 4ТА Spinnst du?

у *(+ Gen.)* **|** bei
у меня́ | ich habe
у тебя́ | du hast
у нас | wir haben

у кого́? 2ТБ bei wem? *hier:* wer hat?
убира́ть/убра́ть 5ТБ aufräumen, in Ordnung bringen
уви́деть *vo.* **3УБ** sehen
уда́ча: Это прино́сит уда́чу. 2ТБ Das bringt Glück.
удивля́ться *uv.* I staunen, sich wundern
удо́бно *Adv.* **5ТБ** bequem
удово́льствие: с удово́льствием I gern
у́жас I entsetzlich, schrecklich
уже́ I schon
у́жин I Abendessen
у́жинать *uv.* **I** Abend essen
узнава́ть/узна́ть 2ТА *hier:* erfahren
украша́ть *uv.* I schmücken
у́лица I Straße
по у́лицам 1УА durch die Straßen
универма́г I Kaufhaus
Ура́! I Hurra!
уро́к I Lektion; Unterrichtsstunde
де́лать уро́ки *nur Pl.* **I** Hausaufgaben machen
успе́х I Erfolg
у́тро: До́брое у́тро! I Guten Morgen!
у́тром I morgens, am Morgen
с утра́ до ве́чера 5ТА von morgens bis abends
Уф! *ugs.* 5ТА Puh! *ugs.*
Ух! I Uff!
уча́ствовать *uv.* *(в + Präp.)* **3ТА** teilnehmen (an)
уче́бник I Lehrbuch
учени́к/учени́ца I Schüler(in)
учи́тель/учи́тельница I Lehrer(in)
учи́ть *uv.* **I** lernen
учи́ться *uv.* **5С** lernen, studieren

Ф

фами́лия 2УА Familienname, Nachname
февра́ль *m.* **I** Februar
фейерве́рк 2ТА Feuerwerk
фестива́ль *m.* 2УБ Festival
фи́зика 5С Physik
физкульту́ра 5С Sport *(Schulfach)*
фильм I Film
фи́тнес I Fitness
флє́шка 4УБ USB-Stick
фонта́н 2С Springbrunnen
фо́рма 5ТБ (Schul-)Uniform
фо́то *indekl.* **I** Foto
фотографи́ровать *uv.* **2ТБ** fotografieren
фотогра́фия 2С Foto
Фра́нция 1С Frankreich
францу́зский язы́к 5С Französisch
фру́кты *Pl.* **1С** Früchte, Obst
футбо́л I Fußball
футбо́лка I T-Shirt
футбо́льный, -ая, -ое, -ые 5УА Fußball-

Х

ха́ос I Chaos
хи́мия 5С Chemie
хлеб I Brot
хо́бби *n., indekl.* **I** Hobby
ходи́ть *unbest., uv.* **I** gehen
хокке́й I Hockey
хо́лодно *Adv.* **1ТБ** kalt
холо́дный, -ая, -ое, -ые 1ТБ kalt
хор I Chor
хоро́ший, -ая, -ее, -ие 1ТБ gut
хорошо́ *Adv.* **I** gut
хо́стел 2С Jugendherberge
хоте́ть *uv.* **I, 2ТБ** wollen
хотя́ 1ТБ obwohl
худо́жник 2УБ Künstler

Ц

царь *m.* **2С** Zar
цвет; *Pl.* **цвета́ I** Farbe
цвето́к; *Pl.* **цветы́ I** Blume
Це́зарь *m.* I Cäsar
целу́ю I *hier:* mit lieben Grüßen
цена́ 4УА Preis
центр I Zentrum, Mitte
цепо́чка I *hier:* Kettenübung
ци́ркуль *m.* I Zirkel
ци́фра I Ziffer, Zahl

Ч

чай *m.* **I** Tee
час I Stunde; Uhr *(Zeitangabe)*
Кото́рый час? I Wie viel Uhr (ist es)?
ча́сто I oft, häufig
чат I Chat
челове́к I Mensch
чем I womit, wofür
чемпиона́т 1УБ Meisterschaft
че́рез *(+ Akk.)* **I** *hier:* über, durch **1ТБ** *hier:* nach, in
Чёрное мо́ре 1С Schwarzes Meer
чёрный, -ая, -ое, -ые I schwarz
че́стно I ehrlich, fair
четве́рг I Donnerstag
четвёрка 5С Vier *(russ. Schulnote)*
четы́ре I vier
четы́рнадцать I vierzehn
число́ I Zahl, *hier:* Datum
чи́сто *Adv.* **5ТБ** sauber
чита́тель/чита́тельница 5УА Leser(in)
чита́ть *uv.* **I** lesen
что? I was?
Что де́лать? I Was (ist zu) tun?
ну и что? I na und?

Ш

шанс 3С Chance
ша́пка I Mütze
шарф I Schal
шашлы́к 4С Schaschlik, Fleischspieß
шестна́дцать I sechzehn
шесть I sechs
шестьдеся́т I sechzig
шика́рный, -ая, -ое, -ые 4ТБ schick
широ́кий, -ая, -ое, -ие I weit, breit
шкату́лка I Schatulle, Kästchen
шкаф 4ТБ Schrank
шко́ла I Schule
шко́льный, -ая, -ое, -ые 5ТА Schul-
шни́цель *m.* I Schnitzel
шокола́дка *Dim.* I Schokoriegel
шо́пинг I Shopping
шоу-програ́мма 3ТА Show
штурм 3ТА Erstürmung
шу́тка I Scherz

Щ

щи *nur Pl.* I Schtschi *(Kohlsuppe)*

Э

Эй! I Hey!
эколо́гия 5ТБ Ökologie
экску́рсия 1С Exkursion, Ausflug
экспона́т 3ТА Exponat, Ausstellungsgegenstand
экстри́м 1ТА Extremsport
электри́чка I Vorortbahn, S-Bahn
эта́ж 4ТБ Stockwerk, Etage
э́тика 5С Ethik
э́то I *hier:* das ist, dies ist
э́тот, э́та, э́то, э́ти I dieser, diese, dieses, diese
эфи́р: в эфи́ре 1ТА auf Sendung

Ю

ю́бка I Rock
юг 3С Süden
юла́ I (Holz-)Kreisel
юри́ст I Jurist(in)

Я

я I ich
я́блоко I Apfel
яйцо́ 4С Ei
янва́рь *m.* **I** Januar
я́сно I klar

A

Abend essen I у́жинать *uv.*
Abend I ве́чер; *Nom. Pl.* вечера́
Guten Abend! I До́брый ве́чер!
abends, am Abend I ве́чером
von morgens bis abends 5ТА с утра́ до ве́чера
Abendessen I у́жин
abendlich 5УА вече́рний, -яя, -ее, -ие
aber I но **I** а
abholen I забира́ть *uv.*
acht I во́семь
Achtung! I Осторо́жно!
achtzehn I восемна́дцать
achtzig 4ТА во́семьдесят
Adresse 1УБ а́дрес
Ägypten 1С Еги́пет; *Gen.* Еги́пта
Aktenordner I па́пка
aktiv 1С акти́вный, -ая, -ое, -ые
alle I все *Pl.*
alles I всё *n.*
alles Gute I всего́ до́брого **I** всего́ хоро́шего
Alphabet I алфави́т
also I так I ита́к
alt I ста́рый, -ая, -ое, -ые
andere 1С друго́й, -а́я, -о́е, -и́е
anfangen 5УА начина́ться *uv.*
angeln 1ТА лови́ть ры́бу *uv.*
angenehm I прия́тно
anrufen I, 1ТБ звони́ть/позвони́ть *(+ Dat.)*
anschauen I, 2УБ смотре́ть/посмотре́ть
schau mal I смотри́ *Imp. Sg.*
antworten I отвеча́ть *uv.*
Anzug I костю́м
Apfel I я́блоко
Apotheke I апте́ка
Appetit: Guten Appetit! I Прия́тного аппети́та!
April I апре́ль *m.*
Arbeit I труд
Arbeit: Tag der Arbeit I Пра́здник Весны́ и Труда́
arbeiten I рабо́тать *uv.*
Arbeiter(in) 5УА рабо́тник/рабо́тница
arbeitsfrei: arbeitsfreie Tage 5ТА выходны́е (дни)
Arbeitsgemeinschaft 5ТБ *hier:* кружо́к; *Gen.* кружка́
Arbeitslehre 5С труд
Arbeitszimmer 3С кабине́т
Architekt 2УБ архите́ктор
Arzt I врач; *Gen.* врача́
auch I то́же I и 3С та́кже
auf I на *(+ Akk./Präp.)*
Aufgabe I зада́ние
aufmachen: mach auf/macht auf, machen Sie auf 4ТБ откро́й/те *Imp. Sg./Pl.*
aufmerksam I внима́тельно
aufnehmen 3ТА *hier:* снима́ть/снять
aufräumen 5ТБ убира́ть/убра́ть
sich **aufregen 3ТБ** волнова́ться/взволнова́ться
Aufsatz 5ТА сочине́ние
aufstehen I встава́ть *uv.*
Augenblick: einen Augenblick I мину́точку *Akk., Dim.*
August I а́вгуст
Aula I а́ктовый зал
aus I из *(+ Gen.)*
Ausflug 1С экску́рсия
ausgezeichnet 1ТБ отли́чный, -ая, -ое, -ые
ausgezeichnet I замеча́тельно
im **Ausland 1ТА** за грани́цей
ausländisch 3С иностра́нный, -ая, -ое, -ые
(sich) **ausruhen I, 1УБ** отдыха́ть/отдохну́ть
Außenseiter I аутса́йдер
Ausstellung 5ТБ вы́ставка
Ausstellungsgegenstand 3ТА экспона́т
Auto I маши́на
Autobus I авто́бус

B

Bad(ezimmer) 4ТБ ва́нная
baden 1ТА купа́ться *uv.*
Badewanne 4ТБ ва́нна
Bahnhof 3ТА вокза́л
Bahnsteig I платфо́рма
Baikal(see) 1ТА Байка́л
Balalaika I балала́йка
bald I ско́ро
Ballett 2ТА бале́т
Banane 1ТА бана́н
Band I гру́ппа
Bank 1У банк **3С** *(Sitz-)* скаме́йка
Basketball I баскетбо́л

bauen 2ТА стро́ить/постро́ить
bedeuten: das bedeutet I зна́чит
sich **befinden I** находи́ться *uv.*
beginnen 5УА начина́ться *uv.*
bei 2С о́коло *(+ Gen.)* **I** у *(+ Gen.)*
bei wem?, *hier:* **wer hat? 2ТБ** у кого́?
bekommen I, 1ТБ получа́ть/получи́ть
Benennung I назва́ние
bequem 5ТБ удо́бно
bereit 4ТА гото́вый, -ая, -ое, -ые
Berg 1ТА гора́; *Nom. Pl.* го́ры
Beruf 2УА профе́ссия
beruflich I профессиона́льный, -ая, -ое, -ые
berühmt I знамени́тый, -ая, -ое, -ые
sich **beschäftigen I** занима́ться *uv. (+ Instr.)*
beschließen I, 3ТА реша́ть/реши́ть
besonders I осо́бенно
besser I лу́чше
Besuch: zu Besuch sein (bei) 4ТБ быть в гостя́х *(у + Gen.)*
besuchen 3ТБ посеща́ть/посети́ть I идти́/е́хать в го́сти
Bett 4ТБ крова́ть *f.*
Bezeichnung I назва́ние
Bibliothek I библиоте́ка
Bild 4ТБ карти́на
billig 4УА дешёвый, -ая, -ое, -ые; **4ТА** дёшево *Adv.*
Bingo (Spiel) I би́нго
Biologie 5С биоло́гия
bis I до *(+ Gen.)*
Bis morgen! I До за́втра!
bitte I пожа́луйста
Bleistift I каранда́ш
Blume I цвето́к; Nom. *Pl.* цветы́
Bord 2ТБ борт
Borschtsch *(Rote-Bete-Suppe)* I бо́рщ
Bouillon I бульо́н
Boutique 3ТА бути́к
braun I кори́чневый, -ая, -ое, -ые
Bravo! I Молоде́ц!
Breakdancer 2ТБ брейк-да́нсер
breit I широ́кий, -ая, -ое, -ие
Brief I письмо́
Brot I хлеб
Brücke 2С мост; *Nom. Pl.* мосты́
Bruder I брат
Buch I кни́га
Buchhandlung 3ТА кни́жный магази́н
Büfett I буфе́т
Bühne I сце́на
Bundesland 3УБ земля́; *Nom. Pl.* зе́мли, *Gen. Pl.* земе́ль
Bürgermeister 3С мэр
Büro I бюро́ *indekl.* **3С** кабине́т
Butter I масло

C

Café I кафе́ *n., indekl.*
Camp 1С ла́герь *m.*
Cappuccino I капучи́но
Cäsar I Це́зарь *m.*
CD-Player 4УБ CD-пле́ер
Chance 3С шанс
Chaos I ха́ос
Chat I чат
Chemie 5С хи́мия
Chor I хор
Collage I колла́ж
Comic I ко́микс
Computer I компью́тер
Computerraum I кабине́т информа́тики
Computerspiel 3ТА компью́терная игра́

D

da: da ist I вот
dahin I туда́
danach I пото́м
danke I спаси́бо
danken: nichts zu danken I не́ за что
dann I пото́м **I** тогда́
das: das ist I э́то
Datum I число́
dein(e) I твой, твоя́, твоё
denken I ду́мать *uv.*
Denkmal 2ТБ па́мятник *(+ Dat.)*
denn 2ТА же
deshalb I поэ́тому
Designer(in) I диза́йнер
deswegen I поэ́тому
Deutsch *(Sprache)* **I** неме́цкий язы́к
auf Deutsch I на неме́цком (языке́)
Dezember I дека́брь *m.*
Dieb 3ТБ вор
Dienst *(Aufräum-)* **5С** дежу́рство
Dienst haben 5С дежу́рить *uv.*
Dienstag I вто́рник
diensthabend 5С дежу́рный, -ая, -ое, -ые
diese(r, s) I э́тот, э́та, э́то, э́ти
Direktor(in) 2С дире́ктор; *Nom. Pl.* директора́
Diskothek I дискоте́ка
diskutieren 2УБ дискути́ровать *uv.*
Disziplin 1ТБ дисципли́на
doch 2ТА же I ведь
Dokument I докуме́нт
Donnerstag I четве́рг
Dorf 1ТА дере́вня
dort (ist) I там
dorthin I туда́
drei I три
Drei 5С тро́йка
Dreißig I три́дцать
Dreizehn I трина́дцать
dritte(r, s) I тре́тий
du I ты
durch I *hier:* по *(+ Dat.)* **I** *hier:* че́рез *(+ Akk.)*
dürfen 3ТБ мочь/смочь
man darf I, 1ТА мо́жно
man darf nicht 4УБ нельзя́
Dusche 4ТБ душ

E

ebenso 3С та́кже
ehrlich I че́стно
Ei 4С яйцо́; *Nom. Pl.* я́йца, *Gen. Pl.* яи́ц
Eierkuchen I омле́т
einfach I про́сто
Eingang I вход
einige 4ТА не́сколько *(+ Gen.)*
Einkauf 4С поку́пка
einladen I, 4С приглаша́ть/пригласи́ть
Einladung I приглаше́ние
eins I оди́н
Eins 5С едини́ца
Eintrittskarte 2УБ биле́т
Einwohner 5УА жи́тель *m.*
Eis I лёд; *Gen.* льда
Eis *(Speiseeis)* **I** моро́женое
Eiscafé 3С кафе́-моро́женое

elf I оди́ннадцать
Eltern I роди́тели *Pl.; Gen.* роди́телей
E-Mail I e-mail; *Pl.* емейлы
empfehlen 3C сове́товать/посове́товать
Ende 3УВ коне́ц; *Gen.* конца́
zu ende gehen/sein 5УА конча́ться *uv.*
enden 5УА кончаться *uv.*
endlich 1ТБ наконе́ц
englisch 5ТА англи́йский, -ая, -ое, -ие
Englisch 5C англи́йский язы́к
entscheiden I, 3ТА реша́ть/реши́ть
Entschuldigt!/Entschuldigen Sie! I Извини́те!
Entschuldigung! I Извини́ меня́!
entsetzlich I у́жас
Entspannung 1C о́тдых
er I он
Erdkunde 5C геогра́фия
erfahren 2ТА узнава́ть/узна́ть
Erfolg I успе́х
erfreut I ра́д(а)
erhalten I, 1ТБ получа́ть/получи́ть
sich **erholen** I, 1УБ отдыха́ть/отдохну́ть
Erholung 1C о́тдых
Eröffnung I откры́тие
errichten 2ТА стро́ить/постро́ить
erste(r, s) I пе́рвый
zum ersten Mal 4ТБ пе́рвый раз
Erstürmung 3ТА штурм
erzählen I, 3C расска́зывать/рассказа́ть
es I оно́
essen 5ТА есть
Esszimmer 4ТБ столо́вая
Etage 4ТБ эта́ж; *Gen.* этажа́
Ethik 5C э́тика
etwa I ра́зве
eurer, eure 4УБ ваш, ва́ша, ва́ше
Euro I е́вро *m., indekl.*
Exkursion 1C экску́рсия
Exponat 3ТА экспона́т
Extremsport 1ТА экстри́м

F

Fach *(Unterrichts-)* **5C** предме́т
fahren I е́здить *unbest.;* е́хать *best.* **3ТБ** пое́хать *vo.*
fahren *(zum Vergnügen)* I ката́ться *uv.* (на + *Präp.)*
Fahrkarte 2УБ биле́т
Fahrplan 5УА расписа́ние
Fahrrad I велосипе́д
fair I че́стно
Familie I семья́
Familienname 2УА фами́лия
fangen 1ТА лови́ть *uv.*
Farbe I цвет; *Nom. Pl.* цвета́
Februar I февра́ль *m.*
Federmappe I пена́л
Feiertag I пра́здник I выходно́й день
Fenster I окно́
Ferien 1C кани́кулы *nur Pl.; Gen.* кани́кул
Fernseher I телеви́зор
fertig 4ТА гото́вый, -ая, -ое, -ые
Fest I пра́здник **4C** вечери́нка
Festival 2УБ фестива́ль *m.*
Festung 2C кре́пость *f.*
Feuerwerk **2ТА** фейерве́рк
Film I фильм
filmen 3ТА снима́ть/снять
finden 3ТБ найти́ *vo.*
Fisch 1ТА ры́ба
Fitness I фи́тнес
Fitnessstudio 3УБ спортклу́б
Flasche 4УА буты́лка; *Gen. Pl.* буты́лок
Fleisch 4C мя́со
Fleischspieß 4C шашлы́к
Fliege 4УБ му́ха
fliegen I лета́ть *unbest.*; лете́ть *best.*
Flughafen I аэропо́рт
Flugzeug I самолёт
Flur 4ТБ коридо́р
Fluss 2C река́; *Nom. Pl.* ре́ки
folgende(r, s) 5ТА сле́дующий, -ая, -ее, -ие
Foto I фо́то *indekl.* **2C** фотогра́фия
fotografieren 2ТБ фотографи́ровать/сфотографи́ровать
fragen 4C спра́шивать/спроси́ть
Frankreich 1C Фра́нция
Französisch 5C францу́зский язы́к
Frauentag I Же́нский день
frei I свобо́дный, -ая, -ое, -ые
Freitag I пя́тница
Freizeit I свобо́дное вре́мя
sich **freuen: wir freuen uns** 3ТБ мы ра́ды
Freund I, 1C друг; *Nom. Pl.* друзья́
echter Freund I настоя́щий друг
Freundin I подру́га
froh I ра́д(а)
Früchte 1C фру́кты *Pl.*
früh I ра́но
früher 2C ра́ньше
Frühling I весна́
im Frühling весно́й
Frühlings- 5C весе́нний, -яя, -ее, -ие
Frühstück I за́втрак
frühstücken I за́втракать *uv.*
Führer 2ТА гид
Füller I ру́чка
fünf I пять
Fünf 5C пятёрка
fünfzehn I пятна́дцать
fünfzig I пятьдеся́т
funktionieren I рабо́тать *uv.*
für I для *(+ Gen.)* **5ТБ** за *(+ Akk.)*
Fuß: zu Fuß I пешко́м
Fußball I футбо́л
Fußball- 5УА футбо́льный, -ая, -ое, -ые
Fußboden 4УБ пол

G

ganz I совсе́м
Garderobe 4ТБ гардеро́б
Gardine 4УБ гарди́на
Garten 1C сад
Gast I гость *m.*
Gebäude I зда́ние
geben: es gibt I есть
geben: gib/gebt, geben Sie I да́й/те *Imp. Sg./Pl.*
Gedicht I стихи́ *Pl.*
gefallen I, 2ТА нра́виться/понра́виться
gegen 5ТБ про́тив *(+ Gen.)*
Gegenstand 5C предме́т
gegenüber I напро́тив *(+ Gen.)*
Geheimnis 1ТБ секре́т

gehen I ходи́ть *unbest.*; идти́ *best.* **2УБ** пойти́ *vo.*
geh/geht, gehen Sie I иди́/те *Imp. Sg./Pl.*
gelb I жёлтый, -ая, -ое, -ые
Geld 4ТА деньги *nur Pl.*; *Gen.* де́нег
Gemälde 4ТБ карти́на
Gemüse 4С о́вощи *nur Pl.*; *Gen.* овоще́й
Geografie 5С геогра́фия
geradeaus I пря́мо
gern I с удово́льствием
Geschäft 2С магази́н
durchgehend geöffnetes Geschäft 4С круглосу́точный магази́н
Geschenk I пода́рок; *Gen.* пода́рка
Geschichte 5С исто́рия
Gespräch 1УА разгово́р
gestern 1С вчера́
Gesundheit I здоро́вье
Getränk I напи́ток; *Gen.* напи́тка
gewöhnlich I обы́чно
gigantisch 3ТА гига́нтский, -ая, -ое, -ие
Gitarre I гита́ра
Gitarrist I гитари́ст
gleich *(zeitlich)* I сейча́с
gleich: ist gleich I бу́дет
Glück I сча́стье
Das bringt Glück. 2ТБ Э́то прино́сит уда́чу.
Glückwunsch I поздравле́ние
Grad 1УБ гра́дус
Gramm 4УА грамм
Grammatik I грамма́тика
gratulieren (jmdm. zu etw.) I поздравля́ть *uv. (+ Akk.* с *+ Instr.)*
Grenze 1ТА грани́ца
Grippe I грипп
groß I большо́й, -а́я, -о́е, -и́е
großartig I здо́рово
Großmutter I ба́бушка
Großvater I де́душка
grün I зелёный, -ая, -ое, -ые
Gruppe I гру́ппа
Gruß: mit lieben Grüßen I целу́ю
Gulasch I гуля́ш
Gurke 4ТА огуре́ц; *Gen.* огурца́
gut I хорошо́ *Adv.* **1ТБ** хоро́ший, -ая, -ее, -ие
Gymnasium 5С гимна́зия
Gymnastik I гимна́стика

H

haben I у *(+ Gen.)*
ich habe I у меня́
du hast I у тебя́
wir haben I у нас
wer hat? 2ТБ у кого́?
Halbbruder I сво́дный брат
Halle I зал
Hallo! I Приве́т!
Hallo? *(am Telefon)* I Алло́?
Hamburger I га́мбургер
Handy I моби́льник
hängen 4УБ висе́ть *uv.*
häufig I ча́сто
Haupt- I гла́вный, -ая, -ое, -ые
Hauptstadt I столи́ца
Haus- 5С дома́шний, -яя, -ее, -ие
Haus I дом; *Nom. Pl.* дома́
zu Hause I до́ма
nach Hause I домо́й
Hausaufgaben I уро́ки *nur Pl.*
Heimat- 2УА родно́й, -а́я, -о́е, -ы́е
heißen I называ́ться
ich heiße I меня́ зову́т
du heißt I тебя́ зову́т
heißen: das heißt I зна́чит
helfen I помога́ть *uv.*
hell 2ТА светло́
hellblau I голубо́й, -а́я, -о́е, -ы́е
Hemd I руба́шка
Herbst I о́сень *f.*
im Herbst I о́сенью
herbstlich 5С осе́нний, -яя, -ее, -ие
hereinkommen: komm herein/ kommt herein, kommen Sie herein 4ТБ проходи́/те *Imp. Sg./Pl.*
hervorragend I прекра́сно I замеча́тельно **1ТБ** отли́чный, -ая, -ое, -ые
herzlich: Herzlich willkommen! I Добро́ пожа́ловать! (в/на *+ Akk.)*
heute I сего́дня
für heute I на сего́дня
hier I здесь
hier ist I вот
hinter 4ТБ за *(+ Instr.)*
historisch 3С истори́ческий, -ая, -ое, -ие
Hobby I хо́бби *n., indekl.*
Hockey I хокке́й
Hof 5ТА двор; *Gen.* двора́
hören (an-, zu-) I слу́шать *uv.*
hören *(zufällig)* I слы́шать *uv.*
Hose, Hosen I брю́ки *nur Pl.*
Hotel 1ТА гости́ница
hübsch I краси́вый, -ая, -ое, -ые
Huhn 4ТА ку́рица
Hund I соба́ка
hundert 4ТА сто

I

ich I я
Idee I иде́я
ihr I вы
ihr(e) I *(3.Pers. f. Sg.)* её I *(3. Pers. Pl.)* их
Ihr(e) 4УБ ваш, ва́ша, ва́ше
Imbiss I буфе́т
immer I всегда́
in I в *(+ Akk./Präp.)* I на *(+ Akk./Präp.)* I по *(+ Dat.)* **1ТБ** че́рез *(+ Akk.)*
Informatik I информа́тика
informieren 2УБ информи́ровать *uv.*
Ingenieur(in) I инжене́р
Insel 1С о́стров; *Nom. Pl.* острова́
interaktiv I инте́рактивный, -ая, -ое, -ые
interessant I интере́сно *Adv.* **1УА** интере́сный, -ая, -ое, -ые
Interesse 2УБ интере́с
sich **interessieren** (für) **2ТБ** интересова́ться *uv. (+ Instr.)*
es interessiert mich nicht 2ТБ мне не интере́сно
international 1С интернациона́льный, -ая, -ое, -ые
Internet I Интерне́т
Internetforum 5ТБ интерне́т-фо́рум
Internetseite 2ТА интерне́т-сайт
Internet-Surfen I интерне́т-сёрфинг
interpretieren 2УБ интерпрети́ровать *uv.*

Interview 1ТБ интервью́ *n., indekl.*
Italien 1C Ита́лия

J

ja I да I *hier:* ведь
Jahr I год; *Gen. Sg.* го́да; *Gen. Pl.* лет
in diesem Jahr 1TA в э́том году́
Januar I янва́рь *m.*
Jeans I джи́нсы *Pl.*
jede(r, s) 1ТБ ка́ждый, -ая, -ое, -ые
jedoch I но
jetzt I сейча́с **I** тепе́рь
Joghurt I йо́гурт
Journalist(in) I журнали́ст(ка)
Judo I дзюдо́ *indekl.*
Jugendherberge 2C хо́стел
Jugendliche I ребя́та *Pl.*
Juli I ию́ль *m.*
jung I молодо́й, -а́я, -о́е, -ы́е
Junge 2TA ма́льчик *(bis 14 Jahre)*
Juni I ию́нь *m.*
Jurist(in) I юри́ст
Jury 3ТБ жюри́ *n., indekl.*

K

Kaffee I ко́фе *m., indekl.*
Kakao I кака́о *indekl.*
Kalender I календа́рь *m.*
kalt 1ТБ холо́дный, -ая, -ое, -ые; хо́лодно *Adv.*
Kamin 4ТБ ками́н
Kanal 2C кана́л
Kaninchen I кро́лик
Kantine 4ТБ столо́вая
Kappe I ке́пка
Karate I карате́
Karte I ка́рта
Kartoffel(n) 4C карто́шка; *Gen. Pl.* карто́шек
Kasse I ка́сса
Kassierer(in) I касси́р
Kästchen I шкату́лка
Kathedrale I собо́р
Katze 4УА ко́шка
Kauf 4C поку́пка
kaufen I, 1ТБ покупа́ть/купи́ть
kauf/kauft, kaufen Sie 4C купи́/те *Imp. Sg./Pl.*
Käufer(in) 4УА покупа́тель/покупа́тельница
Kaufhaus I универма́г
Kaukasus 1TA Кавка́з
Kefir I кефи́р
kennen I знать *uv.*
Kettenübung I цепо́чка
Kilogramm 4TA килогра́мм
halbes Kilo 4TA полкило́
Kinder I де́ти *Pl.*; *Gen.* дете́й
Kinder- 4ТБ де́тский, -ая, -ое, -ие
Kindergarten I са́дик *Dim.*
Kindermädchen I ня́ня
Kinderzimmer 4ТБ де́тская
Kino I кино́ *indekl.*
Kiosk 3TA кио́ск
klar I я́сно
klar: na, klar! I коне́чно
Klasse I класс
klasse 1C кла́ссно *Adv.*
klasse! I класс!
Klassenarbeit 5C контро́льная рабо́та
Klassenzimmer I класс
Klavier I пиани́но *indekl.*
Kleidung I оде́жда
klein I ма́ленький, -ая, -ое, -ие
Klingelzeichen I звоно́к
Klub I клуб
kochen I гото́вить *uv.*
Kollektion I колле́кция
komisch I смешно́й, -а́я, -о́е, -ы́е **2TA** весёлый, -ая, -ое, -ые
kompliziert 4УБ сло́жный, -ая, -ое, -ые
Kompott I компо́т
Konfitüre I варе́нье
können 3ТБ мочь/смочь
man kann 1TA мо́жно
Kontinent I контине́нт
Konzert I конце́рт
Kopf I голова́
Korridor 4ТБ коридо́р
kosten I сто́ить *uv.*
Kostüm I костю́м
Kraftbrühe I бульо́н
Krankenstation I медкабине́т
Kreisel I юла́
Kreml 3C Кремль *m.; Gen.* Кремля́
Krimi 3ТБ детекти́в
kritisieren 2УБ критикова́ть *uv.*
Krokodil 1УА крокоди́л
Küche 4ТБ ку́хня
Kultur 3УА культу́ра
Künstler 2УБ худо́жник
Kwass I квас

L

Laden 2C магази́н
Lage 3C положе́ние
Lager 1C ла́герь *m.*
Lampe 2TA ла́мпа
Land 1C страна́; *Nom. Pl.* стра́ны
Landkarte I ка́рта
lange 1ТБ до́лго
langweilig 1C ску́чно
Latein 5C лати́нский язы́к
Laute I зву́ки *Pl.*
Läuten I звоно́к; *Gen.* звонка́
leben I жить *uv.*
Lebensmittel 4C проду́кты *Pl.*
Lebkuchen 3C пря́ник
lecker 3C вку́сный, -ая, -ое, -ые; **4TA** вку́сно *Adv.*
Lehrbuch I уче́бник
Lehrer(in) I учи́тель/учи́тельница
leider I к сожале́нию
Lektion I уро́к
lernen I учи́ть *uv.* I изуча́ть *uv.* **5C** учи́ться *uv.*
lesen I, 1ТБ чита́ть/прочита́ть
Leser(in) 5УА чита́тель/чита́тельница
letzte(r, s) 5C после́дний, -яя, -ее, -ие
leuchten 1ТБ свети́ть *uv.*
Leute I лю́ди; *Gen. Pl.* люде́й
lieb I дорого́й, -ая, -ое, -ие
lieben I люби́ть *uv.*
Lieblings- I люби́мый, -ая, -ое, -ые
liegen I лежа́ть *uv.* **3УА** *(sich befinden)* располо́жен, -а, -о, -ы
Limonade I лимона́д
Lineal I лине́йка
Linienkleinbus I маршру́тка
links *(von)* **I** сле́ва (от + *Gen.)*
nach links I нале́во
Liter 4УА литр
Literatur I литерату́ра
los: Los geht's! I Дава́й! *Imp. Sg.*
lösen I, 3TA реша́ть/реши́ть
losfahren 3ТБ пое́хать *vo.*
losgehen 2УБ пойти́ *vo.*
lustig I смешно́й, -а́я, -о́е, -ы́е **2TA** весёлый, -ая, -ое, -ые

M

machen I, 1УБ де́лать/сде́лать
Mädchen 2ТА девочка *(bis 14 Jahre)*
Mädel 5ТА девчо́нка
Mai I май
Mal I раз
zum ersten Mal 4ТБ пе́рвый раз
Mama I ма́ма
manchmal 1ТБ иногда́
Mann 3ТБ мужчи́на *m.*
Mantel I пальто́ *indekl.*
Marker I ма́ркер
Markt 3ТА ры́нок; *Gen.* ры́нка
März I март
Mathematik I матема́тика
Matrjoschka I матрёшка
Mauer 3ТА стена́; *Nom. Pl.* сте́ны
Mayonnaise I майоне́з
Meer 1С мо́ре
mehr 2ТА бо́льше
mein(e) I мой, моя́, моё
Meinung: meiner Meinung nach 5ТБ по-мо́ему
Meisterschaft 1УБ чемпиона́т
Mensch I челове́к; *Nom. Pl.* лю́ди
Metro I метро́ *indekl.*
Milch I молоко́
Million 4ТБ миллио́н
Mineralwasser 4УА минера́льная вода́
minus I ми́нус
Minute I мину́та
mit I с *(+ Instr.)*
mit wem? I с кем?
Mitschüler(in) I одноклассник/однокла́ссница
Mittag essen I обе́дать
Mittagessen I обе́д
Mitte I центр
Mittwoch I среда́
Möbel *Pl.* **4ТБ** ме́бель *f., nur Sg.*
Mode I мо́да
Model 4УА моде́ль *f.*
Moderatorin 1ТА веду́щая
modisch I мо́дный, -ая, -ое, -ые
mögen I люби́ть *uv.*
Moment: einen Moment мину́точку *Akk.*, Dim.
Monat I ме́сяц
Montag I понеде́льник
morgen I за́втра
Morgen I у́тро
Guten Morgen! I До́брое у́тро!
von morgens bis abends 5ТА с утра́ до ве́чера
morgens I у́тром
Moskauer(in) I москви́ч(ка)
Motor I мото́р
Mountainbike 1ТА ма́унтинба́йк
Münze (klein) 2ТБ моне́тка
Museum I музе́й
Musik I му́зыка
Musiker I музыка́нт
Musiknote I но́та
müssen 3ТА до́лжен, должна́, должно́, должны́ *(+ Inf.)*
4ТА на́до *unpers.*
Mutti I ма́ма
Mütze I ша́пка

N

nach I по́сле *(+ Gen.)*
1ТБ че́рез *(+ Akk.)*
Nachbar(in) I сосе́д(ка)
Nachname 2УА фами́лия
nächste(r, s) 5ТА сле́дующий, -ая, -ее, -ие
Nacht 2ТА ночь *f.*
nachts 2ТА но́чью
Name I и́мя I назва́ние
natürlich I коне́чно
neben 2С о́коло *(+ Gen.)*
4ТБ ря́дом с *(+ Instr.)*
nehmen 2ТА взять *vo.*
nimm/nehmt, nehmen Sie 4ТА возьми́/те *Imp. Sg./Pl.*
nein I нет
nett 3С симпати́чный, -ая, -ое, -ые
neu I но́вый, -ая, -ое, -ые
Neujahr I Но́вый год
neun I де́вять
neunzehn I девятна́дцать
neunzig 4ТА девяно́сто
nicht I не
noch I ещё
noch einmal 1ТБ опя́ть
Norden 3УА се́вер
normal I норма́льно
Not I беда́
Note *(Schulnote)* **5С** оце́нка
nötig sein 4ТА на́до *unpers.*
November I ноя́брь *m.*
Nummer I но́мер; *Nom. Pl.* номера́
nun I ита́к
nun I ну
nur I то́лько

O

O(berleitungs)-Bus I тролле́йбус
Objekt I объе́кт
Obst 1С фру́кты *Pl.*
obwohl 1ТБ хотя́
oder I и́ли
oft I ча́сто
ohne 2ТА без *(+ Gen.)*
OK I ла́дно
Ökologie 5ТБ эколо́гия
Oktober I октя́брь *m.*
Oma I ба́бушка
Omelett I омле́т
Opa I де́душка
Orange 4С апельси́н
Orangensaft 4С апельси́новый сок
Orchester 2С орке́стр
organisieren 2УБ организо́вать *vo.*
original 3ТБ оригина́льный, -ая, -ое, -ые
originell 3ТБ оригина́льный, -ая, -ое, -ые
Ort 3С ме́сто
Osten 3УА восто́к
Ostern I Па́сха

P

Palast 2С дворе́ц; *Gen.* дворца́
Palme 1С па́льма
Papa I па́па
Papagei 4ТБ попуга́й
Parfümerie 3ТА парфюме́рия
Park I парк
Party 4С вечери́нка
Passagier I пассажи́р
Patient I пацие́нт
Pelmeni I пельме́ни *Pl.*
Pferde I ло́шади *Pl.*
Pfund 4ТА полкило́
Physik 5С фи́зика
Pilz 1С гриб; *Gen.* гриба́
Pizza I пи́цца
Plan I схе́ма 3УА план
5УА расписа́ние
Planet I плане́та

Platz I пло́щадь *f.* **3C** ме́сто
plötzlich 1УБ вдруг
plus I плюс
Polizei 3ТБ мили́ция
Pool 1ТА бассе́йн
Popmusik I поп-му́зыка
Post 3ТА по́чта
Poster 4УБ по́стер
Postkarte 1ТБ откры́тка; *Gen. Pl.* откры́ток
Präsentation 3УА презента́ция
Präsident(in) I президе́нт
Preis 3C *(in einem Wettbewerb)* приз **4УА** *(Kaufpreis)* цена́; *Akk.* це́ну, *Nom. Pl.* це́ны
Preisausschreiben 3C ко́нкурс
probieren 2ТБ про́бовать/попро́бовать
Problem I пробле́ма
professionell I профессиона́льный, -ая, -ое, -ые
Programm I програ́мма
Projekt I прое́кт
protestieren 2УБ протестова́ть *uv.*
Pullover I сви́тер
Püree I пюре́ *indekl.*
Pyramide I пирами́да

R

Radio I ра́дио *indekl.*
Radiosender 1ТА радиоста́нция
Radsport I велоспо́рт
Rafting 1ТА ра́фтинг
Rap I рэп
Rapper I рэ́пер
raten 3C сове́товать/посове́товать
Rathaus 3УБ ра́туша
rauchen 1УА кури́ть *uv.*
reagieren 2УБ реаги́ровать *uv.*
rechnen I счита́ть *uv.*
rechts *(von)* I спра́ва (от + *Gen.*)
reden 5ТА разгова́ривать *uv.*
nach rechts I напра́во
Referat I рефера́т
Regal 4ТБ по́лка
Regel I пра́вило
in der Regel I как пра́вило
Regen 1ТБ дождь *m.*
regnen: es regnet/hat geregnet 1ТБ дождь идёт/шёл
Reichstag 1C Рейхста́г
Reim I ри́фма
Reime I стихи́ *Pl.*
Reise 3C пое́здка
reiten 1ТА ката́ться на лошадя́х
Reklame I рекла́ма
Religion 5C рели́гия
reparieren 2УБ ремонти́ровать *uv.*
Restaurant I рестора́н
richtig 3УА пра́вильно
nicht richtig I непра́вильно
riesig 4ТБ огро́мный, -ая, -ое, -ые
Rock I ю́бка
Rockmusik 2УА рок-му́зыка
rosa I ро́зовый, -ая, -ое, -ые
rot I кра́сный, -ая, -ое, -ые
Rubel I рубль *m.*; *Gen.* рубля́
(ich bekomme) von Ihnen … Rubel 4УА с вас … рубль/рубля́/рубле́й
Rucksack I рюкза́к
ruhig I споко́йно
russisch I ру́сский, -ая, -ое, -ие
auf Russisch I по-ру́сски
in russischer Sprache I на ру́сском языке́

S

Saal I зал
Saft I сок
sagen 1ТБ говори́ть/сказа́ть
sag/sagt, sagen Sie I скажи́/те *Imp. Sg./Pl.*
man sagt 2ТА говоря́т
Sahne: saure Sahne I смета́на
Salat I сала́т
sammeln 1C собира́ть *uv.*
Sammeltaxi I маршру́тка
Samowar I самова́р
Samstag I суббо́та
Satz 2C предложе́ние
sauber 5ТБ чи́сто *Adv.*
S-Bahn I электри́чка
schade I жаль
Schal I шарф
Schaschlik 4C шашлы́к; *Gen.* шашлыка́
Schatulle I шкату́лка
Schau I пока́з
schauen 2УБ смотре́ть/посмотре́ть
scheinen 1ТБ свети́ть *uv.*
Schema I схе́ма
schenken I дари́ть *uv.*
Scherz I шу́тка
schick 4ТБ шика́рный, -ая, -ое, -ые
Schiff 2C кора́бль *m.; Gen.* корабля́
Schirmmütze I ке́пка
schlafen I спать *uv.*
Schlafmütze I со́ня *m., f.*
Schlafzimmer 4ТБ спа́льня
schlecht: nicht schlecht I непло́хо
schlecht 1УБ плохо́й, -а́я, -о́е, -и́е **5C** пло́хо *Adv.*
schließen 4ТБ закрыва́ть/закры́ть
schließlich 1ТБ наконе́ц
schmücken I украша́ть *uv.*
Schnee 1УБ снег
Schneemädchen I Снегу́рочка
schneien: es schneit/hat geschneit 1УБ снег идёт/шёл
schnell I бы́стро
Schnellhefter I па́пка
Schnitzel I шни́цель *m.*
Schokoriegel I шокола́дка *Dim.*
schön I краси́вый, -ая, -ое, -ые
schon I уже́
schon gut I ла́дно
Schrank 4ТБ шкаф
schrecklich I у́жас
schreiben I, 1ТБ писа́ть/написа́ть
Schreibtisch 4ТБ пи́сьменный стол
Schtschi *(Kohlsuppe)* I щи *nur Pl.*
Schuhe I ту́фли *Pl.*
Schul- 5ТА шко́льный, -ая, -ое, -ые
Schule I шко́ла
Schüler(in) I учени́к/учени́ца
Schulkabarett I капу́стник
Schwanensee 2ТА Лебеди́ное о́зеро
schwarz I чёрный, -ая, -ое, -ые
Schwarzes Meer 1C Чёрное мо́ре
schwer I тру́дно
Schwester I сестра́; *Nom. Pl.* сёстры, *Gen. Pl.* сестёр
schwierig I тру́дно

Schwimmbad 1TA бассе́йн
sechs I шесть
sechzehn I шестна́дцать
sechzig I шестьдеся́т
See *m.* **1TA** о́зеро; *Nom. Pl.* озёра
sehen I, 3УБ ви́деть/ уви́деть
Sehenswürdigkeit I достопримеча́тельность *f.*
sehr I о́чень
sein I быть
sein(e) I его́
Sendung: auf Sendung 1TA в эфи́ре
Senf 4TA горчи́ца
September I сентя́брь *m.*
Sessel 4TБ кре́сло
Shopping I шо́пинг
Show 3TA шоу-програ́мма
Sie I вы
sie *(3. Pers. Sg.)* **I** она́
(3. Pers. Pl.) **I** они́
sieben I семь
siebzehn I семна́дцать
siebzig 4TA се́мьдесят
singen I петь *uv.*
sitzen I сиде́ть *uv.*
Skateboard I скейтбо́рд
Sketch I скетч
Snowboarding I сноубо́рдинг
so I так
so sagt man I так говоря́т
es geht so, so lala I та́к себе
Sofa 4TБ дива́н
sogar 1C да́же
sollen 3TA до́лжен, должна́, должно́, должны́ *(+ Inf.)*
Sommer I ле́то
im Sommer I ле́том
sommerlich 5C ле́тний, -яя, -ее, -ие
Sonderangebot 4C суперА́кция
Sonne 1C со́лнце
sich **sonnen 1TA** загора́ть *uv.*
Sonntag I воскресе́нье
Soße I со́ус
Souvenirs I сувени́ры *Pl.*
sowohl ... als auch I и ... и
Spaghetti I спаге́тти *Pl.*
Spanien 1C Испа́ния
Spanisch 5C испа́нский язы́к
spazieren gehen I гуля́ть *uv.*
Speisesaal I буфе́т
Spezialist I специали́ст

Spiel 3УА игра́
spielen I игра́ть *uv.*
Sponsor 3TБ спо́нсор
Sport I спорт
5C *(Schulfach)* физкульту́ра
sportlich 1C спорти́вный, -ая, -ое, -ые
Sportplatz 3TA спортплоща́дка
Sportwaren 3TA спорттова́ры
sprechen I говори́ть *uv.*
5TA разгова́ривать *uv.*
Springbrunnen 2C фонта́н
Spur: auf den Spuren I по следа́м
Stadion 2УА стадио́н
Stadt I го́род (г.); *Nom. Pl.* города́
Stadtviertel 3TБ райо́н
Standardtänze I ба́льные та́нцы *Pl.*
Start I старт
Stau I про́бка
staunen I удивля́ться *uv.*
stehen I стоя́ть *uv.*
Stereoanlage 4УБ музыка́льный центр
Stiefbruder I сво́дный брат
Stockwerk 4TБ эта́ж; *Gen.* этажа́
Stopp 3TБ стоп
Strand 1TA пляж
Straße I у́лица
durch die Straßen 1УА по у́лицам
Straßenbahn I трамва́й
Strategie I страте́гия
Streber(in) 5C зубри́ла *m./f.*
streng 1TБ стро́гий, -ая, -ое, -ие
Student(in) I студе́нт(ка)
studieren I изуча́ть uv.
5C учи́ться *uv.*
Stuhl 4TБ стул; *Nom. Pl.* сту́лья, *Gen. Pl.* сту́льев
Stunde I час
Subjekt I субъе́кт
Süden 3C юг
Summe I су́мма
super I су́пер
Supermarkt 3TA суперма́ркет
Suppe I суп
Symbol I си́мвол
sympathisch 3C симпати́чный, -ая, -ое, -ые

System I систе́ма
Szene I сце́на

T

Tafel 5УБ доска́
Tag I день *m.*
Guten Tag! I До́брый день! Здра́вствуй/те!
Geburtstag I день рожде́ния
Valentinstag I День свято́го Валенти́на
tagsüber 2TA днём
Taiga 5УБ тайга́
Takt I такт
tanzen 2TБ танцева́ть *uv.*
tatsächlich 3TБ действи́тельно
Taxi I такси *n., indekl.*
Taxifahrer I такси́ст
Techno *(Musikrichtung)* I те́хно
Tee I чай *m.*
teilnehmen (an) **3TA** уча́ствовать *uv.* (в + *Präp.)*
Telefon I телефо́н
Telefongespräch I разгово́р по телефо́ну
telefonieren I, 1TБ звони́ть/ позвони́ть *(+ Dat.)*
Tennis I те́ннис
Teppich 4УБ ковёр; *Gen.* ковра́
teuer I дорого́й, -а́я, -о́е, -и́е;
4TA до́рого *Adv.*
Text I текст
Textmarker I ма́ркер
Theater I теа́тр
Theaterprobe I репети́ция
Theaterszene I сце́нка
Thema 3C те́ма
tief I глубоко́
Tier 5УБ живо́тное
Tisch I стол; *Gen.* стола́
Toilette 4TБ туале́т
toll 1C кла́ссно *Adv.* I молоде́ц!
Tomate 4TA помидо́р
Torte I торт
Tour 3УА тур
Tourist I тури́ст
Touristenführer 2TA гид
Track I трэк
tragen 5TБ носи́ть *uv.*
Trainer I тре́нер
Training I трениро́вка
Traktor I тра́ктор

sich **treffen 3ТБ** встреча́ться/встре́титься
trinken 5ТА пить *uv.*
Tschüss! I Пока́!
T-Shirt I футбо́лка
tun I, 1УБ де́лать/сде́лать
Tür 4ТБ дверь *f.*
Türkei 1С Ту́рция
Turm 3С ба́шня; *Gen. Pl.* ба́шен
Turnen I гимна́стика

U

U-Bahn I метро́ *indekl.*
über I о *(+ Präp.)* **I** *hier:* че́рез *(+ Akk.)* **4ТБ** *(örtlich)* над *(+ Instr.)*
über wen? 3УА о ком?
über sich selbst I о себе́
worüber? I о чём?
überhaupt 2ТА совсе́м
Überraschung I сюрпри́з
Übersicht I *hier:* схе́ма
Ufer I бе́рег; *Nom. Pl.* берега́
Uhr *(Zeitangabe)* **I** час
Wie viel Uhr (ist es)? I Кото́рый час?
unbedingt 3ТА обяза́тельно
und **I** и **I** *(Gegensatz)* а
ungerecht 5ТА нече́стно
ungewöhnlich I необы́чный, -ая, -ое, -ые
Unglück I беда́
Uniform *(Schul-)* **5ТБ** фо́рма
unser(e) 4ТБ наш, на́ша, на́ше
unter 4УБ под *(+ Instr.)*
sich **unterhalten 5ТА** разгова́ривать *uv.*
Unterrichtsraum 3С кабине́т
Unterrichtsstunde I уро́к
Ursache: keine Ursache I не́ за что
USB-Stick 4УБ фле́шка; *Gen. Pl.* фле́шек

V

Vater I оте́ц; *Gen.* отца́
Vatersname 2УА о́тчество
Vati I па́па
verbringen 3ТБ проводи́ть *uv.*
Verehrer I покло́нник
vergangen 1ТА про́шлый, -ая, -ое, -ые
vergessen 5УА забыва́ть/забы́ть
Verkäufer 4ТА продаве́ц; *Gen.* продавца́
Verkäuferin 4ТА продавщи́ца
Verkaufsstand 3ТА кио́ск
Verkehrsmittel I тра́нспорт
vernehmen I слы́шать *uv.*
verschlafen 5УА проспа́ть *vo.*
sich **verspäten I, 5ТА** опа́здывать/опозда́ть
verstehen 1УА понима́ть *uv.*
versuchen 2ТБ про́бовать/попро́бовать
viel (um vieles) I намно́го
viel(e) I, 2С мно́го *(+ Gen.)*
vielleicht I мо́жет быть
Vier 5С четвёрка
vier I четы́ре
vierzehn I четы́рнадцать
vierzig I со́рок
Volleyball I волейбо́л
völlig I совсе́м
von I от *(+ Gen.)*
von … her I из *(+ Gen.)*
von … bis (einschließlich) 5С с *(+ Gen.)* … по *(+ Akk.)*
vor 2ТБ пе́ред *(+ Instr.)*
vorbereiten I гото́вить *uv.*
sich **vorbereiten 5С** гото́виться/подгото́виться
Vorführung I пока́з
Vorhang 4УБ гарди́на
Vorname I и́мя
Vorortbahn I электри́чка
Vorschlag 2С предложе́ние
Vorsicht! I Осторо́жно!
sich vorstellen: stell dir vor 1С представля́ешь
Vorwärts! *hier:* Los! I Вперёд!

W

Wachmann I охра́нник
Waggon I ваго́н
wahr: nicht wahr? 2С пра́вда?
während 1УА во вре́мя *(+ Gen.)*
wahrscheinlich I наве́рное
Wald 1ТА лес; *Nom. Pl.* леса́
Wand 3ТА стена́; *Nom. Pl.* сте́ны
wann? I когда́?
warm 1ТБ тепло́
warten (auf) **I** ждать *uv. (+ Akk.)*
warum 1ТА почему́
was für ein? I како́й, -а́я, -о́е, -и́е?
was? I что?
Was (ist zu) tun? I Что де́лать?
Wasser 4С вода́; *Akk. Sg.* во́ду
Wechselschuhe 5ТБ сме́нка
Weihnachten I Рождество́
Weihnachtsbaum I ёлка
Weihnachtsmann I Дед Моро́з
weil 1ТА потому́ что
Weintrauben 4ТА виногра́д *nur Sg.*
weiß I бе́лый, -ая, -ое, -ые
Weiße Nächte 2ТА Бе́лые но́чи
weit I далеко́
nicht weit *(von)* **I** недалеко́ *(от + Gen.)*
weit *(breit)* **I** широ́кий, -ая, -ое, -ие
weiter I да́льше
welcher(r, s) 5ТБ кото́рый, -ая, -ое, -ые
welche(r, s)? I како́й, -а́я, -о́е, -и́е?
wenig(e) 4ТА ма́ло *(+ Gen)*
wenn 5ТБ когда́
wer? I кто?
wem? I кому́?
mit wem? I с кем?
wen? I кого́?
Werbung I рекла́ма
werfen 2ТБ броса́ть *uv.*
Werkunterricht 5С труд
Westen 3УА за́пад
Wettbewerb 3С ко́нкурс
Wetter 1ТБ пого́да
wie? I как?
Wie geht's? I Как дела́?
wie viel? I ско́лько *(+ Gen.)*?
wieder 1ТБ опя́ть
Wiedersehen: Auf Wiedersehen! I До свида́ния!
Willkommen! I С прие́здом!
Winter I зима́
im Winter I зимо́й
winterlich 5С зи́мний, -яя, -ее, -ие
wir I мы
ich und … 1УБ мы с *(+ Instr.)*
wirklich 2ТБ *hier:* ведь
wissen I знать
wo? 2ТА где?
Woche I неде́ля
Wochenende 5ТА выходны́е (дни)
Wochenendhaus 1С да́ча
wofür I чем

woher? 1TA откýда?
wohin? I кудá?
wohnen I жить *uv.*
Wohnung 1ТБ квартúра
Wohnzimmer 4ТБ гостúная
wollen I, 2ТБ хотéть
womit I чем
Wort I слóво
sich wundern I удивля́ться *uv.*
wunderschön 3C прекрáсный, -ая, -ое, -ые
wünschen (jmdm. etw.) **I** желáть *uv. (+ Dat. + Gen.)*
Würfel I *hier:* кóсти *Pl.*
Wurst 4УА колбасá
Würstchen 4TA сосúска; *Gen. Pl.* сосúсок

Z

Zahl I цúфра **I** числó
zählen I считáть *uv.*
Zar 2C царь *m.; Gen.* царя́
zehn I дéсять
Zeichnen 5C рисовáние
Zeichnung I рисýнок; *Gen.* рисýнка
zeigen 3ТБ покáзывать/показáть
zeig/zeigt, zeigen Sie I покажú/те *Imp. Sg./Pl.*
Zeit I врéмя *n.*
es ist Zeit I порá
Wir haben keine Zeit. 5ТБ У нас врéмени нет.
Freizeit I свобóдное врéмя
Zeitschrift I журнáл
Zeitung I газéта
Zelt 1TA палáтка
Zentimeter 2ТБ сантимéтр
Zentrum I центр
Ziffer I цúфра
Zigarette 1УА папирóса
Zimmer I кóмната
Zirkel I цúркуль *m.*
Zitrone I лимóн
zu I к *(+ Dat.)*
zubereiten I готóвить *uv.*
Zucker I сáхар
zuerst I сначáла
Zug I пóезд; *Nom. Pl.* поездá
zumachen 4ТБ закрывáть/закры́ть
zunächst I сначáла
zurück I обрáтно
zusammen I вмéсте
zwanzig I двáдцать
zwei I два
Zwei 5C двóйка
Zweizimmerwohnung 4ТБ двухкóмнатная квартúра
Zwiebel(n) 4TA лук *nur Sg.*
zwölf I двенáдцать

Скорогово́рки – Zungenbrecher

Я жук, я жук, я здесь живу́. **(S. 30)** Жужжу́, жужжу́, всю жизнь жужжу́.	Ich bin ein Käfer, ich bin ein Käfer, ich wohne hier. Ich summe, ich summe, ich summe das ganze Leben lang.
Щу́ку я тащу́, тащу́, **(S. 30)** Щу́ку я не упущу́.	Den Hecht – ich ziehe ihn und ziehe ihn, den Hecht werde ich nicht loslassen.
Говори́т попуга́й попуга́ю, **(S. 60)** я тебя́, попуга́й, попуга́ю. Попуга́ю в отве́т попуга́й: Попуга́й, попуга́й, попуга́й!	Sagt ein Papagei einem Papagei: Ich werde dich, Papagei, erschrecken. Dem Papagei antwortet der Papagei: Erschrecke mich doch, Papagei, erschrecke mich doch!

Пе́сни – Lieder

Го́род **(S. 34)**	**Die Stadt**
Пога́с фона́рь. Трамва́й ушёл. Седо́й янва́рь. Летя́щий шёлк.	Die Straßenlaterne war erloschen. Die Straßenbahn war weg. Grauer Januar. Fliegende Seide.
Го́род пря́чется от зимы́, Он без су́ммы и без сумы́, И без го́лоса … Он под сне́гом почти́ что стёрт. Вдоль засне́женных ли́ний чёрт Че́ртит по́лосы.	Die Stadt versteckt sich vor dem Winter, Sie hat weder Geld noch Handtasche, Und auch keine Stimme … Sie ist unter dem Schnee fast ausradiert. Entlang der verschneiten Linien Zeichnet der Teufel Streifen.
Глухо́й февра́ль. Знако́мый лёд. Гори́т фона́рь. Трамва́й идёт.	Tauber Februar. Vertrautes Eis. Die Straßenlaterne leuchtet. Die Straßenbahn fährt.
Го́род пря́чется от тепла́, Разбива́ются в зеркала́х Отраже́ния … На грани́тном краю́ реки́ Львам немы́м подаю́ с руки́ Сны весе́нние … Го́род пря́чется от тепла́, Разбива́ются зеркала́ … А тума́ны я Украду́ с берего́в Невы́, Вслед посмо́трят родны́е львы Полупья́ные …	Die Stadt versteckt sich vor der Wärme, In den Spiegeln zerbrechen Die Spiegelbilder … An der Granitkante des Flusses Gebe ich den stummen Löwen Meine Frühlingsträume … Die Stadt versteckt sich vor der Wärme, Die Spiegel zerbrechen … Und die Nebelschwaden werde ich Von den Ufern der Newa stehlen, Die vertrauten Löwen schauen mir nach, Halbtrunken …

Голубо́й ваго́н (S. 75)	**Der blaue Waggon**
Ме́дленно мину́ты уплыва́ют вдаль, Встре́чи с ни́ми ты уже́ не жди. И хотя́ нам про́шлого немно́го жаль, Лу́чшее, коне́чно, впереди́!	Langsam fließen die Minuten dahin, Erwarte kein Wiedersehen mehr mit ihnen. Und obwohl uns der Abschied von der Vergangenheit schwer fällt, Das Bessere liegt natürlich vor uns.
Припе́в: Ска́тертью, ска́тертью да́льний путь сте́лится И упира́ется пря́мо в небоскло́н. Ка́ждому, ка́ждому в лу́чшее ве́рится, Ка́тится, ка́тится голубо́й ваго́н.	Refrain: Der weite Weg breitet sich wie eine Tischdecke aus Und endet am Horizont. Jeder, jeder glaubt an das Bessere ... Der blaue Waggon rollt und rollt.
Мо́жет, мы оби́дели кого́-то зря – Календа́рь закро́ет э́тот лист. Жить без приключе́ний нам ника́к нельзя́ ... Эй, приба́вь-ка хо́ду, машини́ст!	Es kann sein, dass wir jemanden unnötig gekränkt haben, Der Kalender wird das alte Blatt zudecken. Ohne Abenteuer können wir nicht leben ... He, Zugführer, fahr' schneller!
Припе́в	Refrain
Голубо́й ваго́н бежи́т-кача́ется, Ско́рый по́езд набира́ет ход. Ну, заче́м же э́тот день конча́ется? Пусть бы он тяну́лся це́лый год!	Der blaue Waggon fährt schaukelnd dahin, Der Schnellzug gewinnt an Geschwindigkeit ... Ach, warum geht dieser Tag nur zu Ende? Würde er doch ein ganzes Jahr lang dauern!
Припе́в	Refrain

Географи́ческие назва́ния – Geografische Bezeichnungen

	in Russland	**in Deutschland/weltweit**
города́	Владивосто́к, Москва́, Новосиби́рск, Омск, Орёл, Санкт-Петербу́рг, Сама́ра, Смоле́нск, Со́чи *indekl.*, Ту́ла	Берли́н, Верса́ль *m.*, Га́мбург, Дре́зден, Дюссельдо́рф, Магдебу́рг, Мю́нхен, Пари́ж, Фра́нкфурт, Шту́тгарт
ре́ки	Во́лга, Днепр, Ле́на, Москва́-река́, Нева́, Ока́, Упа́, Фонта́нка	Э́льба
моря́ и озёра	Байка́л, Чёрное мо́ре	Балти́йское мо́ре, Се́верное мо́ре
го́ры	Кавка́з, Ура́л	А́льпы, Гарц
острова́		Майо́рка
контине́нты, стра́ны, регио́ны	Кавка́з, Росси́я, Сиби́рь *f.*	А́зия, Герма́ния, Евро́па

Слова́рик зада́ний в уче́бнике – Arbeitsanweisungen des Buches

Вста́вьте ... в ну́жной фо́рме.	Setzt ... in der erforderlichen Form ein.
Вы́пишите ... из те́кста.	Schreibt ... aus dem Text heraus.
Вы́учите скорогово́рку (стихи́) наизу́сть.	Lernt den Zungenbrecher (das Gedicht) auswendig.
Дава́йте игра́ть.	Spielt.
Дискути́руйте.	Diskutiert.
Допо́лните диало́ги (отве́ты/предложе́ния/ табли́цу).	Ergänzt die Dialoge (die Antworten/die Sätze/die Tabelle).
Испра́вьте оши́бки.	Verbessert die Fehler.
Как по-ру́сски ...?	Wie heißt ... auf Russisch?
Како́й текст (Како́е фо́то) подхо́дит к ...	Welcher Text (Welches Foto) passt zu ...
Когда́ говоря́т ...?	Wann sagt man ...?
Кто э́то говори́т?	Wer sagt das?
Найди́те глаго́лы.	Findet die Verben.
Напиши́те ...	Schreibt ... auf.
Нарису́йте ...	Zeichnet ...
Опиши́те ...	Beschreibt.
Отве́тьте на вопро́сы.	Antwortet auf die Fragen.
Переведи́те.	Übersetzt.
Перепиши́те табли́цу (текст).	Schreibt die Tabelle (den Text) ab.
Перескажи́те диало́ги.	Erzählt die Dialoge nach.
Поигра́йте.	Spielt.
Послу́шайте CD (слова́/текст).	Hört euch die CD (die Wörter/den Text) an.
Послу́шайте ... ещё раз.	Hört euch ... noch einmal an.
Послу́шайте и повтори́те.	Hört zu und wiederholt.
Посмотри́те на карти́нки.	Schaut euch die Bilder an.
Посмотри́те на страни́це (стр.) ...	Schaut auf Seite (S.) ...
Пра́вильно и́ли непра́вильно?	Richtig oder falsch?
Продо́лжите предложе́ния.	Setzt die Sätze fort.
Прочита́йте диало́г (загла́вие/предложе́ния/ резюме́/сце́нку/текст/ци́фры/чат).	Lest den Dialog (die Überschrift/die Sätze/das Resümee/die Szene/den Text/die Ziffern/den Chat).
Разыгра́йте сце́нки.	Spielt die Szenen nach.
Расскажи́те (о ...).	Erzählt (von/über ...).
Скажи́те, (что э́то).	Sagt, (was das ist).
Слу́шайте внима́тельно.	Hört aufmerksam zu.
Соста́вьте диало́ги (mind map/расска́з).	Erstellt Dialoge (eine Mindmap/eine Erzählung).
Соста́вьте предложе́ния.	Bildet Sätze.
Спроси́те друг дру́га.	Fragt euch gegenseitig.
Сравни́те ... (с ...).	Vergleicht ... (mit ...).
Счита́йте.	Zählt.
Угада́йте (слова́).	Ratet/Erratet (die Wörter).

Bildquellennachweis

Alamy Images RM (M. Timothy O'Keefe), Abingdon, Oxon, **84.2, 84.5;** Corbis (Jenny E. Ross), Düsseldorf, **Cover.1;** Corbis, Düsseldorf, **10.1;** Corbis (Roger Ressmeyer), Düsseldorf, **79.6;** Corel Corporation Deutschland, Unterschleissheim, **84.6;** Diskus Media, Sankt Petersburg, **Cover-U3.1;** Dream Maker Software, Colorado, **11.1, 11.2, 11.3, 11.4, 11.5, 69.1, 69.4, 69.10;** Fotolia LLC (fotoreisen), New York, **81.2;** Fotolia LLC (Tsian), New York, **12.1;** imago sportfotodienst, Berlin, **78.2, 79.2;** Imago Stock & People, Berlin, **1.r;** Internet/Screenshot, , **43.1;** iStockphoto (Anton Lukyanenko), Calgary, Alberta, **38.1;** iStockphoto (Jakub Semeniuk), Calgary, Alberta, **24.1;** iStockphoto (Karim Hesham), Calgary, Alberta, **10.5;** iStockphoto (Mikhail Kondrashov), Calgary, Alberta, **12.4;** iStockphoto (Oksana Perkins), Calgary, Alberta, **78.3;** iStockphoto (Perez), Calgary, Alberta, **69.31;** Iva Nova, Elena Medwedeva, Amsterdam, **34.1;** JupiterImages photos.com, Tucson, AZ, **38.3;** Klett-Archiv, Stuttgart, **11.1, 17.3, 22.3, 27.1, 28.1, 33.1, 33.2, 33.3, 35.1, 35.2, 53.1, 54.1, 54.2, 65.1, 67.1, 67.2, 67.3, 69.2, 69.31, 70.1, 71.1, 71.2, 71.3, 75.1, 75.2, 75.3, 79.3, 79.4, 79.5;** Klett-Archiv (adam Tinney), Stuttgart, **58.1;** Klett-Archiv (Steffen Jähde), Stuttgart, **69.6;** Klett-Archiv (Viktor Justratow), Stuttgart, **17.2, 23.1, 28.2, 29.1, 29.2, 39.1, 40.1, 40.2, 40.3, 42.1, 42.2, 42.3, 42.4, 42.5, 45.1, 46.1, 46.2, 46.3;** laif (Hoa Qui), Köln, **84.4;** laif (Jeremy Nicholl), Köln, **71.4, 84.5;** laif (Martin Sasse), Köln, **25.3;** Mauritius Images (AGE), Mittenwald, **25.1;** MEV Verlag GmbH, Augsburg, **78.1;** Okapia (Mark Newman/Alaska Stock), Frankfurt, **81.1;** Picture-Alliance (ITAR-TASS/Marina Lystseva), Frankfurt, **52.1;** Picture-Alliance (Sofam), Frankfurt, **10.3;** Picture-Alliance (Vladimir Mirnov/ITAR-Tass), Frankfurt, **10.2;** Picture-Alliance (Yury Martianov/Bloomberg News/Landov), Frankfurt, **52.4;** Rosfoto Ltd (Razumovsky Andre), Moskau, **38.4;** Schwaneberger Verlag GmbH, Unterschleißheim, **17.1;** shutterstock (Cornel Achirei), New York, NY, **22.2;** shutterstock (elli), New York, NY, **10.4;** shutterstock (Jörg Jahn), New York, NY, **12.3;** shutterstock (Mikhail Nekrasov), New York, NY, **12.2;** shutterstock (posztos), New York, NY, **22.5;** shutterstock (Radu Razvan), New York, NY, **17.1;** shutterstock (Robert F. Balazik), New York, NY, **69.23;** shutterstock (Serg Zastavkin), New York, NY, **22.1;** shutterstock (Sergey Petrov), New York, NY, **25.2;** The Tula Regional Exotarium, Tula, **38.2;** Tsiolkovsky Museum, Kaluga, **37;** Ullstein Bild GmbH (Imagebroker.net), Berlin, **52.3;** Ullstein Bild GmbH (Sean Sprague), Berlin, **22.4;** Ullstein Bild GmbH (Still Pictures), Berlin, **52.2;** Voller Ernst (Alfred Cermak), Berlin, **84.1;** Wikimedia Foundation Inc. (Public Domain), St. Petersburg FL, **79.1**

Nicht in allen Fällen war es uns möglich, den Rechteinhaber der Abbildungen ausfindig zu machen. Berechtigte Ansprüche werden selbstverständlich im Rahmen der üblichen Vereinbarungen abgegolten.

ПЕТРОГРАДСКИЙ РАЙОН
МАЛАЯ НЕВКА
Ждановка
ПЕТРОВСКАЯ ПЛОЩАДЬ
ПЕТРОВСКИЙ ПРОСПЕКТ
Петровский парк
Серный о-в
МАЛАЯ НЕВА
Стадион «Петровский»
Тучков мост
Дворец спорта «Юбилейный»
Петроградский о-в
Биржевой мост
Дворцовый мост
Биржа
Кунсткамера
Меншиковский дворец
Академия Художеств
Благовещенский мост
БОЛЬШАЯ НЕВА
Ново-Адмиралтейский о-в
Николаевский дворец
о. Новая Голландия
Коломенский о-в
Матисов о-в
Адмиралтейские верфи
Балтийский завод
ЧЕКУШИ
Смоленское кладбище (православное)
Смоленское кладбище (лютеранское)
Армяно-Григорианское кладб.
Смоленское братское кладб. «Остров Декабристов»
ВАСИЛЕОСТРОВСКИЙ РАЙОН
ВАСИЛЕОСТРОВСКАЯ
СПОРТИВНАЯ
ЧКАЛОВСКАЯ
ПЕТРОГРАДСКАЯ
ПЕТРОГРАДСКИЙ
Матвеевский сад
Зоопарк
Адмиралтейство
Александровский сад
Исаакиевский собор
ИСААКИЕВСКАЯ ПЛ.
Юсуповский дворец
ТЕАТРАЛЬНАЯ ПЛ.
НИКОЛЬСКАЯ ПЛ.
ПЛ. КУЛИБИНА
ПЛ. СОБЧАКА
ПЛ. БАЛТИЙСКИХ ЮНГ
ПЛ. АКАДЕМИКА САХАРОВА
МЫТНИНСКАЯ ПЛ.
Горный институт
Б. М. Милующей
Смоленка
Мойка
Пряжка
Крюков канал
Карповка
УРАЛЬСКАЯ УЛИЦА
МАЛЫЙ ПРОСПЕКТ
СРЕДНИЙ ПРОСПЕКТ
БОЛЬШОЙ ПРОСПЕКТ
НАБЕРЕЖНАЯ МАКАРОВА
УНИВЕРСИТЕТСК. НАБ.
НАБЕРЕЖНАЯ ЛЕЙТЕНАНТА ШМИДТА
АНГЛИЙСКАЯ НАБЕРЕЖНАЯ
АДМИРАЛТЕЙСКАЯ НАБЕРЕЖНАЯ
НАБ. Р. СМОЛЕНКИ
НАБ. Р. МОЙКИ
УЛИЦА ДЕКАБРИСТОВ
КАМСКАЯ
КАДЕТСКАЯ И 1-Я ЛИНИИ
8-Я И 9-Я ЛИНИИ
КРОНВЕРКСКИЙ ПРОСПЕКТ
ПР. ДОБРОЛЮБОВА
БОЛЬШОЙ ПРОСПЕКТ
ПРОСПЕКТ ЖДАНОВСКАЯ
ЛЕВАШОВСКИЙ ПРОСПЕКТ
КРЕСТОВСКИЙ ПРОСПЕКТ
КОНСТАНТИН ГВАРДЕЙСКИЙ БУЛЬВАР
ПЛ. ТРУДА
ЛЕРМОНТОВСКИЙ ПРОСПЕКТ